Un été pas comme les autres

France

Mer du Nord

Pays-Bas

Grande-Bretagne

Allemagne

Pas De Calais
Dunkerque
Calais
Boulogne Lille
Belgique

Luxembourg

Manche

Amiens

Le
Havre
Cherbourg
Rouen
Reims
Meuse
Metz

Deauville
Seine
Marne
Strasbourg

Brest
Paris
Seine
Vosges
Rhin

Mont-
Saint-Michel
Chartres

Yonne

Vendôme
Azay-le-Rideau
Saône

St. Nazaire
Loire
Tours
Chambord
Jura
Suisse

Nantes
Chenonceaux

Chinon
Villandry
Cher
Loire

Poitiers
Vienne
Indre

La Rochelle
Vichy

Limoges
Lyon
Chamonix

Océan
Atlantique
Chamboulive
Grenoble
Italie

Bordeaux
Massif Central
Alpes

Lot
Rhône

Garonne
Tarn
Avignon
Nice

Biarritz
Nîmes
Arles
Cannes

Lourdes
Toulouse
Marseille

Pyrénées
Carcassonne

Mer Méditerranée

Espagne

Un été pas comme les autres

Huguette Zahler
Head, Foreign Students
École Active Bilingue Jeannine Manuel
Paris, France

When ordering this book, please specify:
either **13583** or
UN ÉTÉ PAS COMME LES AUTRES

AMSCO SCHOOL PUBLICATIONS, INC.,
a division of Perfection Learning®

Please visit our Web sites at:

www.amscopub.com and *www.perfectionlearning.com*

Illustrations by Laura Cornell

ISBN: 978-0-87720-479-4

PRINTED IN THE UNITED STATES OF AMERICA

2 3 4 5 6   18 17 16 15 14

Preface

Un été pas comme les autres is intended to give students in the early stages of learning French the pleasurable experience of reading simple materials of significant value in both language and culture. The book can be read as early as the second half of a beginning French course in senior high school or in the second year of French in junior high school.

Students will follow the exciting experiences—even adventures—of an American girl, fourteen-year-old Jenny, on her first visit with her teenage *correspondante* in France. First, students will share in the pretrip preparations and anxieties. In France, they will participate with Jenny in her first French dinner. They will visit a *lycée* classroom. They will celebrate the 14th of July in Paris and shop in glamorous department stores as well as in a variety of small boutiques. They will observe Jenny learning to make her own crêpes—with somewhat mixed results. Along with Jenny, they will tour the châteaux country and spend a few heady days on a French farm. Finally, before returning home, they will accompany Jenny to the Louvre as her unique summer comes to an end. Throughout the story, they will, along with Jenny, immerse themselves in the ambience of the everyday life in France lived by Jenny's French pen pal and her extended family. This ambience is also reflected in the drawings that appear in each chapter.

Un été pas comme les autres is written entirely in the present tense. Maximum use has been made of recognizable cognates, and the vocabulary has been carefully controlled throughout. Unusual expressions are glossed in the text margins in order to allow students to read for comprehension with a minimum of interruption. A complete French-English end vocabulary provides listings of all words occurring in the reading texts and exercises.

The exercises include a full range of useful skill practice: questions on the chapter text to stimulate oral responses; comprehension practice of various types; vocabulary and idiom exercises; practice with structural elements normally taught in the early part of a beginning course; listening-comprehension practice; and guided composition.

Carefully designed for the interests and needs of beginning students, *Un été pas comme les autres* provides an effective and enjoyable learning tool for young students of French.

H. Z.

Contents

Un été pas comme les autres

Chapitre 1

Une bonne nouvelle

Il est trois heures et demie. Jenny rentre de
l'école. Jenny est une Américaine de 14 ans.
Elle est petite, assez jolie, et elle a les cheveux
blonds et courts. Elle habite avec ses parents
5   et ses deux sœurs dans une grande maison
blanche au centre de Longville, une petite
ville des États-Unis, près de Chicago.
 Quand elle rentre de l'école, sa mère l'appelle.

10   MME BROWN: Jenny, viens ici, tu as une
        lettre.
 JENNY: Une lettre? De qui?
 MME BROWN: Une lettre d'Isabelle Martin.
 JENNY: Une lettre d'Isabelle? Super!   super! *great!*

15   Isabelle Martin est la correspondante fran-   le correspondant / la
çaise de Jenny. C'est une idée de son profes-   correspondante *pen
seur de français à Longville. Chaque élève a   pal*
un correspondant ou une correspondante en
France. Isabelle n'écrit pas souvent. Elle

1

20 n'aime pas beaucoup l'anglais. Elle trouve
l'anglais difficile. Jenny est bonne en français.
Elle aime le français et le trouve facile.

JENNY: Maman, Maman, Isabelle m'invite à
passer deux mois en France cet été!
25 MME BROWN: Deux mois! C'est formidable,
mais. . . le voyage. . . c'est cher!
JENNY: Oh, Maman, s'il te plaît! J'adore le
français, s'il te plaît!
MME BROWN: Écoute, attendons ce soir. On
30   va parler de cela avec ton père.

Jenny attend son père avec impatience. Elle
regarde l'heure, quatre heures, quatre heures
vingt, cinq heures dix. . . Enfin il est six
heures et demie, le père de Jenny rentre du
35 travail.

JENNY: Papa, Papa, viens vite!
M. BROWN: Qu'est-ce qu'il y a?
MME BROWN: Jenny est très surexcitée,   surexcité *excited*
elle . . .
40 JENNY: Papa, Isabelle m'invite! Oh, mon petit Papa chéri, s'il te plaît, est-ce que je
peux aller en France?
M. BROWN: Attends une minute, je ne comprends pas, qui est Isabelle?
45 JENNY: Tu sais bien, Isabelle Martin, ma
correspondante française, elle m'invite
pour juillet et août.
M. BROWN: En France? Toute seule? C'est
bien loin!
50 JENNY: Mais non, Papa, pas toute seule, je
vais chez Isabelle, avec son père, sa mère
et son frère. Oh, Papa, j'ai 14 ans, je ne
suis pas un bébé!
M. BROWN: Oui, bien sûr, tu n'es plus un
55   bébé. Je ne sais pas. . .

MME BROWN: Mais aussi, c'est cher, le voyage, les dépenses. . .

JENNY: Mais je vais travailler. Nous sommes en février, j'ai cinq mois pour gagner de l'argent.

60

M. BROWN (*à sa femme*): Chérie, qu'est-ce que tu penses de cela?

MME BROWN: Évidemment, pour son français, c'est une bonne idée. Mais le voyage toute seule, l'argent. . .

65

JENNY: Je vais travailler le samedi et le dimanche.

MME BROWN: Et tes devoirs?

JENNY: Je vais faire mes devoirs le vendredi soir. Oh, s'il vous plaît, dites oui, s'il vous plaît, Papa chéri, Maman chérie. . .

70

M. BROWN: Bon, d'accord, c'est sans doute une bonne idée. . . allez, tu vas en France cet été!

JENNY: Oh, merci, merci, Papa, merci, Maman, oh, c'est formidable!

75

les dépenses *(f.)* expenses

gagner de l'argent *to make money*

évidemment *of course*

sans doute *no doubt*

allez *here: well, all right*

Exercices

A. Vrai ou Faux? *Dites si la phrase suivante est vraie ou fausse. Si elle est fausse, donnez la bonne réponse (Tell whether the following statement is true or false. If it is false, correct the statement.):*

1. Jenny est française.
2. Elle a les cheveux courts et blonds.
3. Isabelle Martin est la sœur de Jenny.
4. Jenny déteste le français.
5. Le père de Jenny rentre du travail à 6 heures 30.
6. Isabelle invite Jenny pour un mois.
7. Pour gagner de l'argent, Jenny va travailler le lundi.
8. Le père de Jenny accepte, et elle va aller en France.

B. *Choisissez la proposition qui complète le mieux la phrase (Choose the clause that best completes the sentence.):*

1. Jenny habite avec ses parents
   (a) dans une petite maison blanche.
   (b) dans une grande maison verte.
   (c) dans une grande maison blanche.
2. Isabelle n'écrit pas souvent
   (a) parce qu'elle adore le français.
   (b) parce qu'elle n'aime pas l'anglais.
   (c) parce qu'elle adore l'anglais.
3. Madame Brown hésite
   (a) parce que le voyage en France est cher.
   (b) parce que Jenny est un bébé.
   (c) parce que, deux mois, c'est long.
4. Jenny attend son père avec impatience
   (a) pour parler de ses devoirs.
   (b) pour parler de l'invitation d'Isabelle.
   (c) pour gagner de l'argent.

C. *Remplacez le nom sujet par le pronom* **il, elle, ils** *ou* **elles:**

EXEMPLE: **Jenny** est américaine.
         Elle est américaine.

1. Isabelle n'écrit pas souvent.
2. Monsieur Brown rentre du travail à 6 heures 30.
3. Jenny va travailler.
4. Monsieur et Madame Brown hésitent.
5. Isabelle habite en France.
6. Madame Brown pense que le voyage est cher.

D. *Répondez aux questions en remplaçant l'article défini par le déterminatif possessif* **sa, son** *ou* **ses** *(Answer the questions, replacing the definite article with the possessive adjective.):*

EXEMPLE: Monsieur et Madame Brown sont **les parents de Jenny?**
         Oui, Monsieur et Madame Brown sont **ses parents.**

1. Monsieur Martin est le père d'Isabelle?
2. Madame Martin est la mère d'Isabelle?
3. Isabelle est la correspondante de Jenny?
4. Madame Brown est la mère de Jenny?
5. Monsieur et Madame Martin sont les parents d'Isabelle?
6. Jenny va faire les devoirs le vendredi soir?

E. *Révision: La famille. Répondez à la question selon le modèle:*

EXEMPLE: Qui est ton oncle?
         Mon oncle est le frère de mon père (ou de ma mère).

1. Qui est ta grand-mère?
2. Qui est la sœur de ton cousin?
3. Qui est ta tante?
4. Qui est le père de ta mère?
5. Qui est la mère de ton oncle?
6. Qui est la sœur de ta mère?
7. Qui es-tu?

Chapitre 2

La lettre à Isabelle

Jenny doit écrire à Isabelle. Elle veut écrire la lettre toute seule. Elle ne veut pas demander à son professeur de français. D'abord elle relit la lettre d'Isabelle.

doit / *inf.* devoir *to have to, must*

relit / *inf.* relire *to reread*

5   Rouen, le 5 février

Ma chère Jenny,

J'espère que tu vas bien ainsi que tes parents et tes sœurs. J'ai beaucoup de travail à l'école et j'attends l'été avec impatience.

ainsi que *as well as*

10   J'ai une bonne nouvelle: mes parents t'invitent à passer les grandes vacances ici, à Rouen! Peux-tu venir pour juillet et août? J'espère que tu peux (et que tu veux!). Moi, j'ai très envie de te connaître. Si tu viens, on
15 va bien s'amuser. J'attends ta réponse avec impatience!

         Je t'embrasse. Ton amie,

            Isabelle

une bonne nouvelle *good news*

avoir envie (de) *to want to, feel like*
connaître *to know; here: to meet*
je t'embrasse *I kiss you; at the end of a letter: love*

7

Jenny sait comment commencer et terminer sa lettre. Elle décide de faire des phrases
20 très courtes et simples.

Longville, le 14 février

Chère Isabelle,
Je te remercie de ta lettre et surtout de ta
gentille invitation. Je suis très heureuse de
25 pouvoir accepter. Mon père et ma mère
veulent bien! Mon père a un peu peur que je
voyage seule, mais moi, je n'ai pas peur! Je
trouve même que c'est très amusant, toute
seule dans l'avion! Il y a aussi le problème de
30 l'argent, mais je vais travailler le samedi et le
dimanche chez un marchand de glaces. Je
suis folle de joie à la pensée d'aller en France.
J'espère que tu ne vas pas te moquer de moi
et de mon accent américain. Dis-moi quels ca-
35 deaux je peux apporter à tes parents et à ton
frère (toi, je sais déjà!). Bon, je termine cette
lettre parce que j'ai un devoir d'anglais à finir. Demain je vais dire à tout le monde à
l'école que je vais en France.
40   Je t'embrasse,

Jenny

fou / *f.* folle *crazy*
folle de jòie *very happy,*
 excited
te moquer de moi *to*
 make fun of me
le cadeau / *pl.*
 cadeaux *gift*

P.S. Merci à tes parents pour l'invitation.
Deuxième P.S. Tu sais qu'aujourd'hui, 14 février, c'est la fête des amoureux. Est-ce que
cela existe en France?

45 Jenny est contente de sa lettre. Elle pense
aussi à son voyage. Elle est heureuse de connaître Isabelle. Elle a sa photo. Isabelle est
brune et elle a les cheveux longs. Elle est
sûrement très sympa, pense Jenny et elle va
50 vite mettre sa lettre à la boîte.

sympa (*colloquial for*
 sympathique) *nice*
mettre une lettre à la
 boîte *to mail a letter*
[une boîte (*mail*)*box*]

Exercices

A. Vrai *ou* Faux? *Dites si la phrase suivante est vraie ou fausse. Si elle est fausse, donnez la bonne réponse:*

1. Isabelle doit écrire à Jenny.
2. Jenny va demander à son professeur de français d'écrire la lettre.
3. Jenny décide de faire des phrases courtes.
4. Jenny dit à Isabelle qu'elle a peur de voyager seule.
5. Le samedi et le dimanche Jenny va travailler chez un marchand de glaces.
6. Jenny ne sait pas quel cadeau apporter à Isabelle.
7. Le 14 février, c'est la fête nationale française.
8. Isabelle est blonde et elle a les cheveux courts.

B. *Répondez à la question en choisissant la meilleure réponse:*

1. Pourquoi est-ce qu'Isabelle attend l'été avec impatience?
   (a) Elle adore l'école.
   (b) Elle a beaucoup de travail à l'école.
   (c) Elle n'a pas beaucoup de travail à l'école.
2. Qu'est-ce que Jenny trouve amusant?
   (a) De voyager seule dans l'avion.
   (b) D'écrire à Isabelle.
   (c) De gagner de l'argent.
3. Pour quelle raison est-ce que Jenny travaille chez un marchand de glaces?
   (a) Elle aime manger des glaces.
   (b) Elle veut faire un cadeau aux parents d'Isabelle.
   (c) Elle veut gagner de l'argent.
4. Qu'est-ce que Jenny pense de sa lettre?
   (a) Elle est contente.
   (b) Elle n'est pas contente.
   (c) Elle l'embrasse.

C. Mettez les phrases suivantes au futur proche:

EXEMPLE: Jenny **écrit** à Isabelle
Jenny **va écrire** à Isabelle.

1. Elle demande à son professeur de français.
2. Isabelle attend la réponse de Jenny.
3. Jenny commence sa lettre.
4. Jenny vogage seule.
5. Elle travaille chez un marchand de glaces.
6. Jenny apporte des cadeaux pour la famille d'Isabelle.

D. Répondez avec la forme convenable (suitable) de l'adjectif:

EXEMPLE: Pierre est français. Et Isabelle?
Isabelle est française aussi.

1. Marc est blond. Et Jenny?
2. Michel est brun. Et Isabelle?
3. Monsieur Brown est américain. Et Madame Brown?
4. Les cheveux de Jenny sont courts. Et les phrases de Jenny?
5. Jean-Paul est content. Et Jenny?

E. Formez des questions selon le modèle:

EXEMPLE: Jenny écrit à Isabelle.
Est-ce que tu écris aussi?

1. Isabelle répond à Jenny.
2. Jenny travaille chez un marchand de glaces.
3. Le père de Jenny a peur.
4. Jenny termine la lettre.
5. Jenny apporte des cadeaux.

F. Écrivez une lettre. En suivant le modèle des lettres de Jenny et d'Isabelle, écrivez une lettre à un(e) ami(e) pour l'inviter pour les vacances. Ensuite, écrivez sa réponse. Attention, si c'est un garçon, commencez avec «Mon cher» ou «Cher».

G. *Compréhension auditive. Écoutez chaque passage. Puis trouvez la meilleure réponse à la question posée*
(Listen to your teacher read a passage. Then choose the best answer to the question.):

1. Pourquoi est-ce que Marc ne peut pas aller en France?
   (a) Il veut travailler chez un marchand de glaces.
   (b) Il doit travailler chez un marchand de glaces.
   (c) Ses parents sont marchands de glaces.

2. Comment est-ce que ma sœur est comme ma mère?
   (a) Elles ont les cheveux bruns et longs.
   (b) Elles ont les cheveux longs et elles sont jolies.
   (c) Elles ont les cheveux blonds et courts.

3. Pourquoi est-ce que Philippe donne un cadeau à Marie-Claude?
   (a) C'est la fête des amoureux.
   (b) Marie-Claude va en France pour l'été.
   (c) C'est la fête nationale française.

4. Il y a combien de personnes dans la famille immédiate de Suzanne?
   (a) Sept.
   (b) Six.
   (c) Huit.

5. Pourquoi est-ce que Nicole parle assez bien le français?
   (a) Elle habite à côté de l'école.
   (b) Elle adore le français.
   (c) Elle habite dans une petite maison verte.

Chapitre 3

Les préparatifs

Jenny a son passeport américain. Ses valises sont prêtes. Elle part après-demain pour
la France. Elle téléphone à sa grand-mère qui
habite en Californie pour lui dire au revoir.

prêt *ready*

5 JENNY: Allo, Grand-ma, c'est Jenny.

GRAND-MA: Ah, ma petite fille, alors, tu es
prête pour ton voyage?

JENNY: Oui, mes valises sont faites.

GRAND-MA: Tu as ton passeport et ton visa?

10 JENNY: Mon visa? Qu'est-ce que c'est? J'ai
seulement un passeport.

GRAND-MA: Tu n'as pas de visa? Je crois qu'il
faut un visa pour aller en France.

il faut / *inf.* falloir *one
needs*

Jenny commence à s'affoler. Elle n'a pas de
15 visa, elle a seulement un passeport.

s'affoler *to panic*

JENNY: Mais Grand-ma, pourquoi un visa?

GRAND-MA: Écoute, il faut un visa pour certains pays, je le sais!

JENNY: Et aussi pour aller en France?

13

20 GRAND-MA: Je ne sais pas. Téléphone au consulat de France. Téléphone maintenant et
rappelle-moi.

rappelle / *inf.*
rappeler *to call back*

JENNY: D'accord, j'appelle tout de suite.

Jenny se sent un peu malade. Elle voit déjà
25 son voyage impossible, annulé. Par l'opératrice elle a le numéro du consulat et elle le
compose.

se sent / *inf.* sentir
feels
annulé *canceled*
l'opératrice *(f.)*
operator
composer un numéro
(de téléphone) *to dial*

VOIX DE FEMME: Allo, consulat de France, j'é-
coute.

la voix *voice*
je voudrais / *inf.*
vouloir *I would like*
le renseignement

30 JENNY: Oui, euh, je voudrais un renseignement sur. . .

(piece of) information
les renseignements
information
ne quittez pas *don't*
leave; here: hold the
line

VOIX DE FEMME: Attendez, je vous passe le
service des renseignements. Ne quittez
pas.

35 VOIX D'HOMME: Allo, consulat de France, service des renseignements, j'écoute.

JENNY: Oui, je voudrais savoir. . . voilà. . . je
pars en France dans deux jours. Est-ce
que j'ai besoin d'un visa?

avoir besoin (de) *to*
need

40 VOIX D'HOMME: Non, Mademoiselle, vous
avez seulement besoin d'un passeport.

JENNY: Vous êtes sûr? Un passeport? J'ai un
passeport.

VOIX D'HOMME: Alors, c'est tout ce qu'il vous
45 faut. Vous êtes Américaine?

il vous faut *you need*

JENNY: Oui.

VOIX D'HOMME: Alors, pas de problème.

JENNY: Mais ma grand-mère dit qu'il faut
aussi un visa. . .

50 VOIX D'HOMME: Votre grand-mère a tort, Mademoiselle, il faut seulement un passeport.

avoir tort *to be wrong*

JENNY: Oh, merci! Merci, Monsieur, au revoir.

55   Jenny est très très heureuse! Elle rappelle
sa grand-mère.

JENNY: Grand-ma, il ne faut pas de visa,
seulement un passeport!

GRAND-MA: Et bien, bravo! Alors, tu es
60   prête?

JENNY: Oui.

GRAND-MA: Tu n'es pas trop nerveuse de
voyager seule?

JENNY: Si, un peu, mais je sais que cela va
65   aller!

GRAND-MA: Et bien, bon voyage, ma chérie,
et écris-moi une ou deux fois!

JENNY: Oh, Grand-ma, je vais t'écrire très
très souvent! Je t'embrasse très fort.

70   GRAND-MA: Moi aussi! Allez, au revoir,
Jenny, et bon voyage!

Exercices

**A. Vrai ou Faux? *Dites si la phrase suivante est vraie ou fausse.
Si elle est fausse, donnez la bonne réponse:***

1. La grand-mère de Jenny habite en Californie.
2. Les valises de Jenny ne sont pas encore prêtes.
3. La grand-mère dit qu'il ne faut pas de visa pour aller en
   France.
4. Jenny téléphone au consulat des États-Unis.
5. Il faut un visa pour aller en France.
6. Jenny est très très heureuse.
7. Jenny ne va pas écrire à sa grand-mère.

B. *Répondez à la question en choisissant la meilleure réponse:*

1. Jenny va partir en France combien de jours après qu'elle téléphone à sa grand-mère?
   (a) Deux jours.
   (b) Trois jours.
   (c) Un jour.
2. Qu'est-ce qui affole Jenny?
   (a) Elle n'a pas de valise.
   (b) Elle n'a pas de passeport.
   (c) Elle n'a pas de visa.
3. Pourquoi est-ce que Jenny se sent un peu malade?
   (a) Elle pense que son voyage est impossible.
   (b) Sa grand-mère est très nerveuse.
   (c) La femme du consulat parle français au téléphone.
4. Qu'est-ce que l'homme du consulat dit à Jenny?
   (a) Il faut seulement un passeport.
   (b) Il faut seulement un visa.
   (c) Il faut un passeport et un visa.

C. *Impératif. Donnez des ordres affirmatifs selon les modèles:*

EXEMPLES: Madame Brown / regarder
Madame Brown, regardez!

Isabelle / lire la lettre
Isabelle, lis la lettre!

1. Jenny / aller en France
2. Monsieur Brun / parler anglais
3. Marc / rentrer à la maison
4. Isabelle / écrire à Jenny

D. *Donnez des ordres négatifs selon les modèles:*

EXEMPLES: Madame Martin / préparer le dîner
Madame Martin, ne préparez pas le dîner!

Michel / travailler
Michel, ne travaille pas!

1. Monsieur et Madame Brown / aller en France
2. Marie-Claude / téléphoner à Jenny
3. Jean-Paul / regarder la télévision
4. Madame Latour / attendre

E. *Dans la liste suivante, trouvez un verbe qui convient et mettez-le à la forme appropriée:*

aimer	garder	penser
arriver	habiter	regarder
demander	inviter	téléphoner
détester	manger	travailler

EXEMPLE: Isabelle ___ Jenny.
Isabelle invite Jenny.

1. Jenny ___ à sa grand-mère.
2. Elle ___ chez un marchand de glaces.
3. Sa grand-mère ___ en Californie.
4. Elle ___ au consulat s'il faut un visa.
5. Un Français ___ dans la boutique.
6. Jenny ___ qu'elle parle mal le français.
7. Isabelle ___ l'anglais.

F. *Quelle est leur nationalité?*

1. Il habite en France.
2. Elle habite aux États-Unis.
3. Elle habite en France.
4. Il habite en Angleterre.
5. Ils habitent aux États-Unis.

G. *Discussion et composition:*

1. Imaginez que vous allez en France pour les vacances. Quel papier d'identité allez-vous montrer à la police? Qu'est-ce que vous allez emporter dans votre valise?

2. Imaginez que votre correspondant(e) vient aux États-Unis pour passer l'été chez vous. Quels papiers d'identité est-ce qu'il (elle) va montrer à la police? Qu'est-ce qu'il (elle) va emporter dans sa valise?

Chapitre 4

Le voyage

Jenny est un peu nerveuse. Elle part ce soir
pour Paris. D'abord elle va en voiture avec ses
parents jusqu'à Chicago et ensuite elle prend
un avion pour New York. À New York elle
5 doit changer d'avion et prendre un charter
qui va à Paris (les charters sont moins chers).
C'est bien compliqué.

Au restaurant de l'aéroport de Chicago où
elle est avec ses parents, Jenny ne peut pas
10 manger.

MME BROWN: Mange quelque chose, voyons!

JENNY: Je t'assure, Maman, je n'ai pas faim.
Je vais manger dans l'avion.

MME BROWN: Ils ne donnent pas à manger
15 entre Chicago et New York.

JENNY: Alors, dans l'autre avion. Je n'ai
vraiment pas faim maintenant.

M. BROWN: Laisse-la! Moi non plus je n'ai
pas faim, je la comprends.

20 Le vol de Jenny va bientôt partir. Elle est à
la porte d'embarquement.

voyons! (*inf.* voir
to see) *here:*
come now!

la porte
d'embarquement
boarding gate

MME BROWN: Allez, au revoir, ma chérie, bon voyage. N'oublie pas d'écrire!

JENNY: Oui, Maman, je te le promets.

25 M. BROWN: Tu es sûre que tu veux partir? Toute seule. . .

JENNY: Ne t'inquiète pas, Papa, tout va aller très bien.

M. BROWN: Téléphone-nous dès ton arrivée.
30   Téléphone en PCV. Allez, au revoir ma petite fille, bon voyage. . .

JENNY: Au revoir, Papa, ne t'inquiète pas. Deux mois, ce n'est pas long!

Et Jenny embarque vite. Elle fait semblant
35 de ne pas voir la larme qui est au coin de l'œil de son père. Elle aussi a un peu envie de pleurer!

Le voyage Chicago-New York se passe bien. Jenny est un peu plus calme. À New York elle
40 n'a aucun problème. Elle trouve son vol, enregistre sa valise et attend l'heure du départ.

Il est neuf heures du soir. On annonce l'embarquement. Jenny passe au contrôle, entre dans l'avion et trouve sa place. Elle est
45 entre une vieille dame française qui ne parle pas anglais et un monsieur japonais qui écoute de la musique. L'avion décolle à dix heures. C'est la première fois que Jenny voyage si longtemps seule. Elle est fière d'elle!
50 L'hôtesse apporte le dîner. Il y a du poulet et de la salade. Il y a aussi un très bon gâteau au chocolat. Jenny adore les gâteaux et elle le mange très vite. La vieille dame française et le monsieur japonais ne parlent pas beaucoup
55 mais ils regardent Jenny.

LA VIEILLE DAME: Mademoiselle, voulez-vous mon gâteau? Je n'ai pas faim.

---

ne t'inquiète pas / *inf.* s'inquiéter *don't worry*

dès ton arrivée *as soon as you arrive*

en PCV (à PerCeVoir *to be collected*) collect (on the telephone)

embarquer *to board*

faire semblant *to pretend*

la larme *tear*

le coin *corner*

pleurer *to cry*

le vol *flight*

enregistrer *to check*

décoller *to take off (airplane)*

fier / *f.* fière *proud*

l'hôtesse (*f.*) stewardess, flight attendant

JENNY: Oh oui, merci, Madame.

LE MONSIEUR: Voilà aussi mon gâteau, Ma-
60   demoiselle, je ne mange pas de dessert.

JENNY: Merci, Monsieur.

Jenny mange le gâteau de la vieille dame.
Elle a un peu mal au cœur. Elle ne veut pas   avoir mal au cœur *to*
vraiment manger le gâteau du monsieur ja-   *be sick to one's*
65 ponais, mais le monsieur et la dame la re-   *stomach*
gardent. Comme elle est polie, elle mange le
troisième gâteau... Elle a très mal au cœur.
Elle voudrait dormir maintenant, mais ses
deux voisins parlent. Ils parlent français très   le voisin *neighbor*
70 vite, si vite que Jenny ne comprend pas.
Pauvre Jenny!

Exercices

**A. Vrai ou Faux? *Dites si la phrase suivante est vraie ou fausse.
Si elle est fausse, donnez la bonne réponse:***

1. Jenny va directement de Chicago à Paris.
2. Au restaurant, Jenny n'a pas faim.
3. Monsieur Brown veut que Jenny téléphone de France.
4. Monsieur Brown est content parce que Jenny part en
   France.
5. Jenny a envie de pleurer.
6. Dans l'avion, Jenny est à côté de deux dames japonaises.
7. Pour le dîner, l'hôtesse apporte du poulet et des frites.
8. Jenny a un peu mal au cœur parce qu'elle mange trop de
   gâteau.

B. *Choisissez la proposition qui complète le mieux la phrase:*

1. Jenny est un peu nerveuse
   (a) parce qu'elle va à Chicago.
   (b) parce qu'elle part pour Paris ce soir.
   (c) parce qu'elle ne connaît pas New York.

2. Monsieur Brown n'a pas faim non plus
   (a) parce qu'il est un peu nerveux.
   (b) parce qu'il n'aime pas les gâteaux.
   (c) parce qu'il ne parle pas français.

3. Jenny est fière
   (a) d'être assise entre une dame française et un monsieur japonais.
   (b) de manger beaucoup de gâteaux.
   (c) de faire seule son premier grand voyage.

4. Le monsieur japonais donne son gâteau à Jenny
   (a) parce qu'il ne mange pas de gâteaux.
   (b) parce qu'il est généreux.
   (c) parce qu'il n'a pas faim.

5. Jenny est un peu malade dans l'avion
   (a) parce qu'elle ne parle pas japonais.
   (b) parce qu'elle mange trop de gâteaux.
   (c) parce que le monsieur japonais et la dame française la regardent.

C. *Choisissez entre* **du, de la, de l'** *et* **des** *selon le modèle:*

EXEMPLE: Tu aimes le bifteck?
            Oui, donne-moi du bifteck.

1. Tu aimes le poulet?
2. Tu aimes la salade?
3. Tu aimes les gâteaux?
4. Tu aimes la soupe?
5. Tu aimes l'eau minérale?
6. Tu aimes les fruits?
7. Tu aimes le poisson?
8. Tu aimes le fromage?

D. *Répondez au négatif selon le modèle:*

EXEMPLE: Tu veux du dessert?
            Non, je ne mange pas de dessert.

1. Tu veux de la viande?
2. Tu veux des frites?
3. Tu veux du bifteck?
4. Tu veux des bananes?
5. Tu veux de la confiture?

E. **Les moyens de transports.** *Comparez les moyens de transport selon le modèle:*

EXEMPLE: la voiture / le cheval
La voiture va plus vite que le cheval. Le cheval va plus lentement.

1. l'avion / la voiture
2. la bicyclette / l'avion
3. le train / la bicyclette
4. la voiture / le cheval
5. l'autobus / l'avion

F. **Compréhension auditive.** *Écoutez chaque passage et trouvez la meilleure réponse à la question posée:*

1. Pourquoi est-ce que Luc est heureux?
   (a) Il aime manger.
   (b) Il part à 6 heures du matin.
   (c) Il vient d'arriver à Los Angeles.
2. Pourquoi est-ce que la mère de Michelle a la larme à l'œil?
   (a) Michelle voyage seule.
   (b) Michelle prend le train.
   (c) La mère va passer deux mois sans sa fille.
3. Quand est-ce que l'avion décolle de Miami?
   (a) À midi.
   (b) Le matin.
   (c) L'après-midi.
4. Qu'est-ce qu'Éric mange comme dessert?
   (a) Des fruits.
   (b) De la glace.
   (c) Du fromage.
5. Pourquoi est-ce que ma sœur a mal au cœur?
   (a) Elle est nerveuse.
   (b) Elle mange trop de gâteau.
   (c) Elle ne connaît pas l'hôtesse.

Chapitre 5

L'arrivée

L'avion arrive à Paris. Il est dix heures, heure française, quatre heures du matin pour Jenny. Jenny est très fatiguée. Elle regarde par la fenêtre et elle cherche la Tour Eiffel.
5 Elle ne la voit pas! Elle voit des routes, des toits, l'aéroport. Jenny est en France.   le toit *roof*

Les passagers quittent l'avion. Ils vont chercher les valises. Jenny a une petite valise rouge et un grand sac gris. Elle dit au revoir
10 au monsieur japonais et à la vieille dame française.

Jenny donne son passeport à l'employé. Elle peut passer. Le douanier est très sympa-   le douanier *customs* thique. Il y a beaucoup de monde qui attend   *officer*
15 les voyageurs. Jenny cherche Isabelle mais elle ne la voit pas. Elle attend près de la porte de sortie. Elle attend dix minutes, Isabelle   la sortie *exit* n'arrive toujours pas. Après une demi-heure   toujours *here: still* Jenny décide de téléphoner à Rouen, chez
20 Isabelle (heureusement, elle a le numéro).   la cabine téléphonique *phone* Elle va dans une cabine téléphonique. Elle   *booth*

25

cherche une pièce pour mettre dans le télé-   la pièce *coin*
phone mais elle n'a pas d'argent français, et il
faut une télécarte! Il y a une banque dans   la télécarte *phonecard*
l'aéroport et elle va changer ses dollars.
25   L'employé lui donne des euros et une télécarte.
Maintenant elle peut téléphoner. Elle compose
le numéro d'Isabelle. Sa mère répond.

MME MARTIN: Allo?

30   JENNY: Bonjour, Madame. C'est moi, Jenny,
l'amie d'Isabelle.

MME MARTIN: Jenny! Mais où êtes-vous?

JENNY: Je suis à l'aéroport, Madame.

MME MARTIN: À l'aéroport? Mais Isabelle et
35   son père vous attendent! Vous ne les
voyez pas?

JENNY: Non, je ne les vois pas.

MME MARTIN: Voyons, vous êtes bien à
l'aéroport Charles de Gaulle?

40   JENNY: Euh, je ne sais pas. . . je suis à Paris,
à l'aéroport de Paris.

MME MARTIN: Mais ma pauvre petite, il y a
deux aéroports à Paris: Orly et Charles de
Gaulle. Vous êtes bien à Charles de
45   Gaulle?

JENNY: Je ne sais pas, Madame, je vais demander.

Jenny pose le téléphone et sort de la cabine.
Elle voit une jeune fille.

50   JENNY: Excusez-moi, Mademoiselle, ici, c'est
l'aéroport d'Orly ou Charles de Gaulle?

LA JEUNE FILLE (*très surprise*):   Vous êtes à
Orly, regardez!

Et Jenny voit une grande pancarte: Bien-   la pancarte *sign*
55   venue — Aéroport d'Orly. Elle rentre dans la   bienvenue *welcome*
cabine et reprend le téléphone.

MME MARTIN: Alors?

JENNY: Je suis à Orly, Madame!

MME MARTIN: Je vois. Vous êtes à Orly et
60   Isabelle et son père sont à Charles de
Gaulle. . . Charmant! Votre avion est sans
doute un charter, les charters atterrissent   atterrir *to land*
à Orly.

JENNY: Oui Madame, c'est un charter. Je
65   suis désolée. . .   désolé *sorry*

MME MARTIN: Et bien, maintenant, vous al-
lez prendre le car qui va d'Orly à Charles   le car *bus*
de Gaulle et vous allez retrouver Isabelle   retrouver *to find,*
et son père au bureau de renseignements.   *meet*
70   Je suis sûre qu'Isabelle va me téléphoner
pour me dire qu'elle ne vous voit pas. À
bientôt, j'espère.

Pendant qu'elle monte dans le car qui va à
l'autre aéroport, Jenny pense que ses va-   une drôle de façon *a*
75   cances commencent d'une drôle de façon. . .   *strange way*

Exercices

A. Vrai ou Faux? *Dites si la phrase suivante est vraie ou fausse.*
Si elle est fausse, donnez la bonne réponse:

1. Dix heures, heure française, c'est quatre heures du matin
   pour Jenny.
2. Jenny a une petite valise grise et un grand sac rouge.
3. Jenny trouve Isabelle.
4. Après une demi-heure, Jenny décide de téléphoner à
   Longville.
5. Elle cherche une pièce mais elle n'a pas d'argent français.

6. Jenny est à l'aéroport d'Orly.
7. Isabelle et son père sont aussi à Orly.
8. Jenny va prendre un car pour aller à l'autre aéroport.

B. ***Choisissez la proposition qui complète le mieux la phrase:***

1. Les passagers quittent l'avion
   (a) parce qu'ils sont en France.
   (b) parce qu'ils sont fatigués.
   (c) parce qu'il est dix heures.
2. Jenny ne voit pas Isabelle
   (a) parce qu'elle cherche sa valise.
   (b) parce qu'elle est à un autre aéroport.
   (c) parce qu'elle téléphone à Rouen.
3. Jenny comprend qu'elle est à Orly
   (a) quand Madame Martin lui parle.
   (b) quand elle téléphone.
   (c) quand elle voit la grande pancarte.
4. Jenny doit prendre un car
   (a) pour changer des dollars.
   (b) pour aller à l'aéroport Charles de Gaulle.
   (c) pour aller à Rouen.

C. ***Remplacez le complément d'objet direct par le pronom*** **le,** **la, l'** *ou* **les:**

EXEMPLE: Tu vois **Isabelle et son père?**
         Oui, je **les** vois.

1. Tu manges le gâteau?
2. Tu composes le numéro d'Isabelle?
3. Tu écoutes ta radio?
4. Tu cherches la Tour Eiffel?
5. Tu donnes ton passeport?
6. Tu regardes les passagers?
7. Tu vois la banque?
8. Tu aimes les fruits?

D. ***Même exercice que précédemment, mais répondez au négatif:***

EXEMPLE: Tu regardes **la télévision?**
         Non, je ne **la** regarde pas.

1. Tu aimes les gâteaux?   3. Tu vois la Tour Eiffel?
2. Tu donnes ton visa?   4. Tu attends Isabelle?

5. Tu cherches ton passeport?   7. Tu achètes la glace?
6. Tu manges les frites?   8. Tu donnes ton adresse?

E. **Révision. Révisez les jours de la semaine et les mois de l'année et répondez aux questions suivantes:**

1. Quel jour est après samedi?
2. Quel mois est avant juillet?
3. Quel jour est entre lundi et mercredi?
4. Quel mois est après février?
5. Quel jour est avant vendredi?
6. Quel mois est entre décembre et février?

F. **Mettez le verbe qui convient dans l'espace approprié. Choisissez dans la liste suivante:**

arrive	compose	suis
attend	dit	va
cherche	quittent	voit

1. Jenny ____ une pièce pour téléphoner.
2. Isabelle ____ Jenny à l'autre aéroport.
3. L'avion ____ à Orly.
4. Les passagers ____ l'avion.
5. Jenny ne ____ pas Isabelle.
6. Elle ____ le numéro d'Isabelle.

G. **Quel âge as-tu?**
Jenny a 14 ans.

1. Et toi?
2. Et ton père?
3. Et ta mère?
4. Et ta sœur?
5. Et ton grand-père?

H. **Discussion et composition:**

1. Le voyage de New York à Paris dure combien de temps?
2. Il y a combien d'aéroports internationaux à Paris?
3. Où est-ce qu'on peut changer de l'argent à l'aéroport?
4. Quand on arrive à Orly, est-ce qu'on peut voir la Tour Eiffel?
5. Comment est-ce qu'on peut aller d'Orly à Charles de Gaulle?

Chapitre 6

Rouen

Jenny arrive enfin à l'aéroport Charles de
Gaulle et retrouve Isabelle et son père au bureau de renseignements. Elle est bien contente de les trouver! Isabelle est exactement
5 comme sur sa photo. Elle a l'air très sympathique. Monsieur Martin est différent des
Français dans son livre au lycée. Il est grand
et blond! Dans son livre les Français sont toujours petits, bruns et ils portent un béret.
10   Ils montent tous les trois dans la voiture de
Monsieur Martin. C'est une voiture française
et Jenny la trouve bien petite! Isabelle parle
beaucoup et pose des questions sur Jenny,
l'école, sa famille.

15 M. Martin: Écoute, Isabelle, laisse cette
pauvre Jenny, elle doit être très fatiguée!
Avez-vous faim, Jenny? J'ai des sand-
wiches dans ce sac, si vous voulez.

Jenny: Oui, je veux bien, merci.

20 À trois heures la voiture arrive dans la
proche banlieue de Rouen où habite Isabelle.

avoir l'air to seem, look

poser des questions to ask questions

la banlieue suburb(s)

31

Madame Martin attend devant la maison, dans le jardin. La maison est très jolie et il y a des fleurs partout. Jenny remarque la grille 25 qui entoure la maison et elle voit que les autres maisons aussi sont entourées d'une grille ou d'un mur.

la grille *fence*
entourer *to surround*

MME MARTIN: Ah, finalement, vous voilà! Bonjour, ma petite Jenny, bienvenue en 30 France. Pas trop fatiguée?

JENNY: Bonjour, Madame, ça va, merci.

Jenny regarde avec étonnement Monsieur Martin et Isabelle qui embrassent Madame Martin sur chaque joue d'abord, et puis une 35 deuxième fois sur la première joue. Elle pense que c'est une coutume bizarre.

l'étonnement *(m.)* *surprise, astonishment*

Isabelle emmène Jenny dans sa chambre, ou plutôt dans leur chambre. C'est une jolie chambre tout en haut de la maison. Les murs 40 sont en lambris et la fenêtre est un vélux dans le toit. La chambre est chaude et agréable. Il y a deux lits et une place dans l'armoire pour les vêtements de Jenny. Elle ouvre sa valise et range ses affaires. Elle donne son cadeau à 45 Isabelle.

emmène / *inf.* emmener *to take along (someone)* plutôt *rather* le lambris *paneling* le vélux *skylight*

l'armoire *(f.) wardrobe*

ranger *to put away* les affaires *(f.) things, belongings*

ISABELLE: Oh, un T-shirt américain! Merci, Jenny, tu connais mes goûts!

Jenny descend pour donner ses cadeaux à Monsieur et Madame Martin.

50 MME MARTIN: Oh, du sirop d'érable! Comme c'est gentil! C'est délicieux avec les crêpes.

le sirop d'érable *maple syrup*

M. MARTIN: Ce livre sur les Indiens d'Amérique du Nord est splendide. Merci, 55 Jenny, vous connaissez les goûts de la famille!

JENNY: Grâce à Isabelle!

ISABELLE: Et bien moi, j'ai un magnifique T-shirt américain!

60 JENNY: Excusez-moi, Madame, est-ce que je peux téléphoner? Mon père voudrait que je l'appelle en PCV, il est un peu nerveux!

MME MARTIN: Tenez, le téléphone est dans l'entrée, appelez directement, c'est trop
65   long en PCV.

JENNY: Merci, Madame.

Jenny compose son numéro à Longville selon les instructions de Madame Martin. Son père répond.

70 M. BROWN: Allo?

JENNY: Papa, c'est moi, Jenny. Tout va bien.

M. BROWN: Ah bon, tant mieux. Pas trop fatiguée?

tant mieux so much *the better; here: very well*

JENNY: Non, ça va, allez, au revoir. Em-
75   brasse Maman pour moi.

M. BROWN: D'accord, au revoir et bon séjour, ma chérie.

Jenny se sent soudain très fatiguée. Elle accepte la proposition de Madame Martin de
80 faire un somme pendant quelques heures avant le dîner. Jenny est trop fatiguée pour visiter la maison. Elle remarque pourtant que les WC ne sont pas dans la même pièce que la salle de bains, mais deux minutes après, dans
85 son lit, Jenny dort profondément.

faire un somme to *take a nap*

les WC (m.) (from English water closets) toilet
dort / inf. dormir *to sleep*
profondément deeply

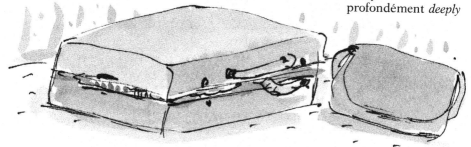

Exercices

A. Vrai *ou* Faux? *Dites si la phrase suivante est vraie ou fausse. Si elle est fausse, donnez la bonne réponse:*

1. Jenny retrouve Isabelle et son père à Orly.
2. La voiture de Monsieur Martin est petite.
3. La famille Martin habite dans un appartement.
4. En France, les maisons sont entourées d'un mur ou d'une grille.
5. Chez Isabelle, Jenny a une chambre à elle.
6. Le cadeau d'Isabelle est un livre sur les Indiens.
7. Le cadeau de Madame Martin est du sirop d'érable.
8. Après ce voyage, Jenny n'est pas fatiguée.

B. *Choisissez la meilleure réponse à la question posée:*

1. En quoi est-ce que Monsieur Martin est différent des Français du livre de Jenny?
   (a) Son béret est différent.
   (b) Il est petit et brun.
   (c) Il est grand et blond.
2. Quelle habitude française étonne Jenny quand elle voit les Martin ensemble?
   (a) Ils s'embrassent trois fois.
   (b) Ils habitent en banlieue.
   (c) Ils donnent des fleurs à l'arrivée.
3. Pourquoi est-ce que le vélux de la chambre d'Isabelle est dans le toit?
   (a) Sa chambre est petite.
   (b) Sa chambre est en haut de la maison.
   (c) Sa chambre est chaude et agréable.
4. Pourquoi Jenny choisit-elle un livre sur les Indiens comme cadeau pour le père d'Isabelle?
   (a) Elle connaît les goûts de la famille.
   (b) Elle aime les Indiens.
   (c) Elle est américaine.
5. Pour quelle raison est-ce que Jenny téléphone à son père?
   (a) Elle est nerveuse.
   (b) Elle est contente.
   (c) Il est nerveux.

6. Pourquoi est-ce que Jenny accepte de faire un somme?
   (a) Elle est fatiguée.
   (b) Elle est nerveuse.
   (c) Les WC ne sont pas dans la même pièce que la salle de bains.

C. *Remplacez l'article défini par l'adjectif démonstratif* ce, cet, cette *ou* ces, *selon le modèle:*

EXEMPLE: Voilà le livre.
            J'aime ce livre!

1. Voilà la valise.
2. Voilà l'armoire.
3. Voilà les passagers.
4. Voilà le cadeau.
5. Voilà l'éléphant.
6. Voilà la ville.
7. Voilà les aéroports.
8. Voilà l'hôtel.

D. *Mettez le mot approprié dans l'espace voulu:*

américains	brune	françaises
armoire	cadeau	grille
béret	chaude	valise
blond	courts	

1. Jenny range ses affaires dans l'____.
2. Jenny a les cheveux ____.
3. Isabelle est ____.
4. Jenny donne un ____ à Isabelle.
5. Les parents de Jenny sont ____.
6. Les voitures ____ sont petites.
7. Monsieur Martin est ____.
8. Jenny ouvre sa ____.

E. *Descriptions:*

Monsieur Martin est grand et blond.

1. Et toi?
2. Et ta mère?
3. Et ton père?
4. Et ta meilleure amie?
5. Et ton meilleur ami?

F.   *Compréhension. Lisez le texte suivant et répondez aux questions:*

Anne-Marie est une jeune Française de quatorze ans. Elle habite à Argentan, en Normandie, avec ses parents et son petit frère. Elle habite dans une maison jaune, au centre de la ville. Elle va à l'école loin de chez elle et elle prend un car chaque matin.

1. Quelle est la nationalité d'Anne-Marie?
2. Où habite-t-elle?
3. Est-ce qu'elle a des frères et des sœurs?
4. Où est-ce qu'elle habite?
5. Est-ce qu'elle habite en banlieue?
6. Pourquoi est-ce qu'elle prend un car pour aller à l'école?

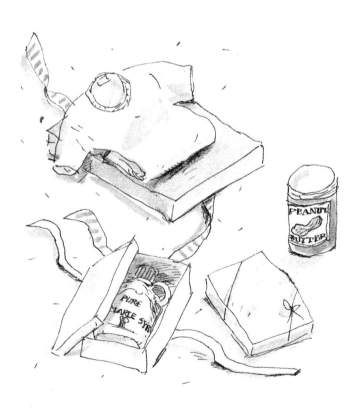

Chapitre 7

Le premier dîner

Jenny dort profondément depuis plusieurs
heures. Isabelle vient.

ISABELLE: Jenny, viens! Il est huit heures.

JENNY: Huit heures? Huit heures! Huit
5   heures du matin?

ISABELLE: Non, huit heures du soir. C'est
l'heure du dîner.

Jenny est un peu désorientée mais elle se
lève, va à la salle de bains et se lave avant de
10   descendre à la salle à manger avec Isabelle.

En France, le dîner commence généralement par de la soupe.

MME MARTIN: Tenez, ma petite Jenny,
servez-vous, vous devez avoir faim.

15   Jenny n'aime pas la soupe. Madame Martin
lui donne la soupière et elle doit se servir.
Elle prend très très peu de soupe.

MME MARTIN: Servez-vous, voyons, il ne faut
pas être timide. Tenez, voilà!

20   Et Madame Martin met beaucoup de soupe
dans l'assiette de la pauvre Jenny. . .

se lève *gets up*
se lave *washes herself*

servez-vous / *inf.* se
servir *help yourself*

la soupière *soup
tureen*

37

Jenny mange sa soupe. . . avec difficulté.
Madame Martin apporte le plat suivant.

MME MARTIN: Pour votre premier dîner voilà
25   un plat typiquement français, de la
langue à la sauce tomate, toute la famille
adore ça.

JENNY: De la langue, vous voulez dire. . .
comme. . . une langue?

30   Jenny tire la langue pour voir si elle com-   tirer *to pull, stick out*
prend bien.

ISABELLE: Oui, de la langue de bœuf. On ne
mange pas de langue aux États-Unis?

JENNY: Si, si. . . euh, je crois. . .

35 M. MARTIN: Vous allez voir, c'est délicieux,
surtout avec la sauce que fait ma femme.

JENNY: C'est que je n'ai pas très faim. . .

MME MARTIN: Servez-vous, allez, il faut
manger, ma petite Jenny.

40   Jenny prend une petite tranche de langue,   la tranche *slice*
la plus petite. . . Mais elle ne peut pas la man-
ger.

JENNY: Je crois que je ne me sens pas très
bien. . .

45   À ce moment, un grand garçon blond entre
dans la salle à manger.

MICHEL: Salut, tout le monde. Ah, voilà
notre Américaine? Bonsoir, Jenny. How
are you?

50 JENNY: Fine, pardon, très bien, merci.

MICHEL: Mais, qu'est-ce que c'est que cela?
Vous êtes fous? De la langue? Vous ne
savez pas que les Américains ne mangent
que des hamburgers et des hot-dogs? De

55   la langue! Vraiment! Pauvre Jenny. . . Il
      faut lui laisser le temps de s'habituer.

MME MARTIN: C'est vrai, je suis bête! J'ou-
      blie toujours qu'en France on mange des
      choses bizarres!

60 M. MARTIN: Et encore, il n'y a pas d'escar-
      gots!

ISABELLE: Ou de cuisses de grenouilles. . .

MICHEL: Ou de lapin!

JENNY: C'est vrai, chez moi je mange tou-
65   jours la même chose, des hamburgers,
      des hot-dogs, du bifteck, du poulet. . .

M. MARTIN: Pas de poisson?

JENNY: Mes parents mangent du poisson,
      mais moi. . . je n'aime pas ça!

70 MICHEL: Allez, ne t'inquiète pas, Jenny, tu
      vas t'habituer! Et si tu n'aimes pas la cui-
      sine de Maman, moi, je vais te faire un
      hamburger! J'adore la cuisine améri-
      caine!

75   Et c'est ainsi que Jenny fait la connaissance
de la famille Martin. Inutile de vous dire que
la personne qu'elle préfère, c'est Michel! Non
seulement il la comprend et il parle bien l'anglais, non seulement il adore tout ce qui est
80 américain (Jenny comprend pourquoi son cadeau pour Michel est un pot de beurre de cacahuètes), mais il est. . . grand. . . blond . . .
sympathique. . . et. . . pas mal du tout!

vraiment really
il faut lui laisser you must leave her
s'habituer to get used to

l'escargot (m.) snail

la cuisse de grenouille frog's leg
le lapin rabbit

la cacahuète peanut

Exercices

A. Vrai *ou* Faux? *Dites si la phrase suivante est vraie ou fausse. Si elle est fausse, donnez la bonne réponse:*

1. En France, le dîner commence généralement par de la soupe.
2. Jenny adore la soupe.
3. Madame Martin met un peu de soupe dans l'assiette de Jenny.
4. La famille Martin aime beaucoup la langue de bœuf.
5. Jenny prend une toute petite tranche de langue parce qu'elle n'a pas faim.
6. Michel est grand et brun.
7. Michel est le frère d'Isabelle.
8. Michel déteste la cuisine américaine.

B. *Choisissez la proposition qui complète le mieux la phrase:*

1. Jenny prend très peu de soupe
   (a) parce qu'elle est polie.
   (b) parce qu'elle est timide.
   (c) parce qu'elle n'aime pas la soupe.
2. Jenny ne peut pas manger la langue de bœuf
   (a) parce qu'elle n'aime pas ça.
   (b) parce qu'elle est malade.
   (c) parce qu'elle est fatiguée.
3. Jenny n'a pas l'habitude de manger des choses bizarres
   (a) parce qu'elle est bête.
   (b) parce que, chez elle, elle mange toujours la même chose.
   (c) parce qu'elle préfère le poisson.
4. Michel va faire un hamburger à Jenny
   (a) parce qu'il déteste le lapin.
   (b) parce qu'il est français.
   (c) parce qu'il adore la cuisine américaine.
5. Jenny préfère Michel
   (a) parce qu'il n'est pas mal du tout.
   (b) parce qu'il est le frère d'Isabelle.
   (c) parce qu'il mange des escargots.

C. *Mettez l'adverbe de quantité et faites les changements néces-saires, selon les modèles:*

EXEMPLES: J'adore la soupe. (beaucoup)
Donne-moi beaucoup de soupe.

Je n'aime pas la viande. (un peu)
Donne-moi un peu de viande.

1. Je n'aime pas la soupe. (un peu)
2. J'adore la langue. (beaucoup)
3. J'adore les frites. (beaucoup)
4. Je n'aime pas la sauce tomate. (un peu)
5. J'adore le beurre de cacahuètes. (beaucoup)
6. Je n'aime pas le poisson. (un peu)
7. J'adore les hamburgers. (beaucoup)

D. *Mettez l'adjectif au superlatif, selon les modèles:*

EXEMPLES: Ma sœur est blonde.
Oui, mais ce n'est pas la plus blonde.

Marc est sympathique.
Qui, mais ce n'est pas le plus sympathique.

1. Cette cuisse de grenouille est petite.
2. Mon frère est grand.
3. Ce lapin est joli.
4. Cette maison est vieille.
5. Ma sœur est intelligente.
6. Cette sauce tomate est délicieuse.
7. Cette glace est grosse.
8. Ce garçon est idiot.

E. *Formez des questions selon le modèle:*

EXEMPLE: Tu visites la maison.
Visites-tu la maison?

1. Tu manges les escargots.
2. Nous regardons la chambre d'Isabelle.
3. Elle aime les animaux.
4. Ils trouvent la chambre agréable.
5. Vous détestez les cuisses de grenouille.

F. *Choisissez dans la liste d'animaux ci-dessous l'animal qui convient à la phrase:*

chat	dinde	grenouille
cheval	éléphant	vache
chien	escargot	

1. Aux États-Unis, à Thanksgiving, on mange souvent de la ____.

2. Dans un appartement, on trouve souvent un ____ et un ____.

3. En France, on mange souvent des cuisses de ____.
4. Si tu n'as pas de vélo ou d'auto, tu peux prendre un ____.
5. L'____ est trop gros pour entrer dans ta chambre!

G. *Compréhension auditive. Écoutez chaque passage et trouvez la meilleure réponse à la question posée:*

1. Pourquoi est-ce que Pierre ne mange pas sa soupe?
   (a) Il est fatigué.
   (b) Il est malade.
   (c) Il n'a pas faim.
2. Pourquoi est-ce que Sylvie refuse de manger du lapin?
   (a) Ses amis ne veulent pas.
   (b) Elle a un lapin domestiqué chez elle.
   (c) Elle n'aime pas ça.
3. Qu'est-ce que Jacques aime bien chez Lisa?
   (a) Elle est américaine.
   (b) Elle est jolie.
   (c) Elle parle bien le français.
4. Pourquoi est-ce que Philippe ne peut pas s'habituer à la cuisine américaine?
   (a) Il n'y a pas de sauces.
   (b) Il n'aime pas les hot-dogs.
   (c) Il n'aime pas les hamburgers.
5. Qu'est-ce qui est pareil chez les deux filles de Monsieur et Madame Leblanc?
   (a) Elles sont toutes les deux blondes.
   (b) Elles sont toutes les deux brunes.
   (c) Elles sont toutes les deux très jeunes.

Chapitre 8

Le lycée Colbert

Jenny est en vacances à Rouen, mais Isabelle n'est pas encore en vacances. Isabelle est en seconde au lycée Colbert et il y a encore une semaine d'école.*

seconde equivalent to U.S. 10th grade

5 Le lendemain de son arrivée Jenny est très fatiguée. Elle dort jusqu'à midi et fait un somme l'après-midi. Le jour suivant Jenny est en pleine forme et elle part au lycée avec Isabelle.

en pleine forme in great shape

10 Pour aller au lycée Jenny et Isabelle prennent deux autobus. Devant le lycée il y a beaucoup de garçons et de filles qui attendent l'ouverture des portes. Beaucoup arrivent avec leur vélomoteur ou leur scooter. C'est 15 très amusant, pense Jenny.

l'ouverture (f.) opening
le vélomoteur moped

---

*The French school system uses grade-level numbers that are the reverse of the American system. The primary-school grades (**École primaire**) run from the 12th to the 7th, the middle-school grades (**Collège**) from the 6th to the 3rd, and the high-school grades (**Lycée**) are numbered **seconde, première,** and **terminale.**

ISABELLE: Viens, je vais te présenter à deux
mecs très sympa. Jean-Pierre, voilà
Jenny, ma correspondante américaine.

présenter *to introduce*
le mec *(slang) boy,
man*

JEAN-PIERRE: Bonjour, Jenny, ça va? Tu
20 t'habitues à la France?

JENNY: Oui, ça va, merci.

JEAN-PIERRE: Marc, voilà l'Américaine d'Isabelle.

MARC: Salut! Désolé, je fais de l'allemand!
25 Je ne parle pas anglais.

ISABELLE: Cela ne fait rien, Jenny parle très
très bien le français!

JEAN-PIERRE: J'adore les États-Unis. Dans
deux ans je vais faire le tour des États-
30 Unis en autocar. J'ai tous les renseignements, ce n'est pas cher du tout. . .

MARC: Est-ce que tes parents ont une grosse
voiture américaine?

JENNY: Oui, je suppose. . . c'est une voiture
35 américaine!

MARC: Génial! J'adore les films américains!. . . Et les cow-boys, est-ce que tu
connais l'Ouest? Est-ce qu'il y a encore
des cow-boys?

génial! *(slang) great!*

40 JENNY: Euh, je ne sais pas. . . Je ne connais
pas beaucoup l'Ouest!

JEAN-PIERRE: Et le Grand Canyon? C'est
aussi beau que sur les photos?

ISABELLE: Eh, tout le monde, il faut y aller,
45 on ouvre les portes.

Et Jenny voit le concierge du lycée qui
ouvre les deux immenses portes en bois. C'est
très impressionnant.

le concierge
superintendent
en bois *(made) of
wood*

ISABELLE: Marc n'est pas dans la même
50 classe que nous. Marc, on se retrouve à la

sortie. On va aller prendre un pot ensemble.

JENNY: Prendre un pot?

ISABELLE: Oui, boire quelque chose si tu pré-
55   fères, un coca, une limonade. . .   le coca *soda*

La première classe d'Isabelle est une classe
de sciences naturelles. Le laboratoire res-   les sciences naturelles
semble beaucoup à celui de Longville High.   *(f.) natural science,*
Jenny trouve que c'est une coïncidence bi-   *biology*
60   zarre, la leçon d'aujourd'hui, c'est la dissection d'une grenouille!

La classe d'histoire est difficile à comprendre parce que le professeur parle très
vite, mais c'est une leçon d'histoire améri-
65   caine! Jenny trouve qu'il prononce les noms
avec un accent horrible. . . Surtout «Massa-
chusetts». . .

Pendant la classe de mathématiques, Jenny
découvre avec étonnement qu'en France:
70   1,000 en anglais, c'est 1.000 et que 8.5 en anglais, c'est 8,5!. . . Mais le plus étonnant, c'est
que pour diviser, par exemple, 4.510 par 31,   diviser *to divide*
il faut faire 4.510⎿31 au lieu de 31⟌4,510 !

Vraiment, ils sont drôles ces Français,
75   pense Jenny.

Exercices

A. **Vrai *ou* Faux?** *Dites si la phrase suivante est vraie ou fausse.*
    Si elle est fausse, donnez la bonne réponse:

1. Isabelle est en vacances.
2. Isabelle est élève en troisième.
3. Jenny va à l'école d'Isabelle le lendemain de son arrivée.
4. Beaucoup d'élèves arrivent au lycée avec un vélomoteur ou un scooter.
5. Marc fait de l'anglais et Jean-Pierre fait de l'allemand.
6. Marc demande s'il y a des cow-boys dans l'Ouest des États-Unis.
7. Dans le laboratoire de sciences naturelles, la leçon d'aujourd'hui, c'est la dissection d'un escargot.
8. La classe d'histoire est difficile à comprendre parce que c'est une leçon d'histoire américaine.

B. *Choisissez la proposition qui complète le mieux la phrase:*

1. Le lendemain de son arrivée, Jenny dort jusqu'à midi
   (a) parce qu'elle ne veut pas aller à l'école avec Isabelle.
   (b) parce qu'elle est malade.
   (c) parce qu'elle est fatiguée.
2. Devant le lycée il y a beaucoup de garçons et de filles
   (a) qui attendent l'ouverture des portes.
   (b) qui prennent deux autobus.
   (c) qui sont en retard.
3. Jean-Pierre va faire le tour des États-Unis en autocar
   (a) parce qu'il veut voir des cow-boys.
   (b) parce qu'il fait de l'allemand.
   (c) parce qu'il adore les États-Unis.
4. Dans la classe d'histoire, Jenny trouve que
   (a) le professeur ne connaît pas l'histoire américaine.
   (b) le professeur prononce les noms américains avec un accent horrible.
   (c) le professeur parle de grenouilles.

C. *Les nombres ordinaux. Changez selon le modèle:*

EXEMPLE: trois / troisième

1. deux
2. huit
3. sept
4. six
5. quatre
6. neuf
7. cinq
8. un

D. *Formez des phrases selon les modèles:*

EXEMPLES: Tu vas / Rouen
Tu vas à Rouen.

Elles vont / le restaurant
Elles vont au restaurant.

1. Isabelle va / l'école
2. Marc et Jean-Pierre vont / le parc
3. Jenny va / le lycée
4. Madame Martin va / la maison
5. Mon frère va / les États-Unis
6. Je vais / Paris
7. Mes amis vont / l'université
8. Pierre va / la gare

E. *Ajoutez les adjectifs selon le modèle:*

EXEMPLE: Mes parents ont une maison. (petit / jaune)
Mes parents ont une petite maison jaune.

1. Mes amis ont une voiture. (gros / américain)
2. J'ai un chat. (petit / noir)
3. Isabelle a une correspondante. (joli / américain)
4. Mon frère a une radio. (grand / japonais)
5. Chez moi il y a une table. (petit / rond)
6. Jean-Pierre a un vélomoteur. (vieux / français)

F. Formez des questions selon les modèles:

EXEMPLE: Marc parle avec moi.
Parle-t-il aussi avec Isabelle?

Annie téléphone à sa mère.
Téléphone-t-elle aussi à Isabelle?

1. Madame Martin et Jenny regardent Michel.
2. Michel déteste Pierre.
3. Ma grand-mère aime ma sœur.
4. Sabine explique l'allemand à Jacques.
5. Monsieur et Madame Brown pensent à Jenny.

G. Discussion et composition:

1. Imaginez que vous êtes élève dans un lycée en France. Quelle langue étrangère étudiez-vous?
2. Quels jours allez-vous à l'école?
3. Marc pense qu'il y a des cow-boys aux États-Unis. Comment est-ce que Jenny imagine les Français à cause de son livre de classe?
4. Le professeur d'histoire d'Isabelle a du mal à prononcer un nom. Quel nom?
5. Qu'est-ce qui se passe dans la classe de sciences naturelles que Jenny trouve drôle? Pourquoi?

Chapitre 9

Le 14 juillet

C'est aujourd'hui le 14 juillet. C'est la fête
nationale française. Ce matin, Isabelle et
Jenny regardent le défilé à la télévision. C'est   le défilé *parade*
un défilé militaire à Paris.

5 JENNY: Un défilé militaire? Il n'y a pas de
       musique et de majorettes?

   ISABELLE: Si, il y a de la musique, mais c'est
       très sérieux. C'est de la musique mili-
       taire.

10 JENNY: Qui sont tous ces gens, là-bas dans la
       tribune?   la tribune *stand(s)*

   ISABELLE: Ce sont les gouvernants du pays.
       Regarde, le Président, le Maire de Paris,   le maire *mayor*
       le Premier Ministre.

15 JENNY: En effet, c'est drôlement sérieux. Re-
       garde, il y a même des tanks!

   ISABELLE: Ça, c'est le défilé du matin. Ce soir
       on va aller danser dans les rues.

   JENNY: Dans les rues? Où? À Paris?

20 ISABELLE: Dans toutes les villes de France on

51

va danser dans les rues. Nous, on va aller
à Rouen, sur la Place du Marché!

le marché *market*

En effet, le soir, Michel emmène Jenny et
Isabelle à Rouen. La Place du Marché est dé-
25 corée de guirlandes et de ballons. Il y a un
orchestre sur une estrade. Sur la place, tout
le monde danse, chante et rit. Il y a de l'ambiance, pense Jenny.
Jenny est contente parce qu'elle danse avec
30 Michel. Isabelle trouve un groupe d'amis.
Jenny reconnaît Jean-Pierre et Marc.

la guirlande *streamer*
l'estrade *(f.) platform*
rit / *inf.* rire *to laugh*
l'ambiance *(f.)*
atmosphere

MARC: Salut, Jenny, alors, tu viens danser?

JENNY: Oui, c'est drôle, danser dans la rue!

JEAN-PIERRE: C'est une vieille tradition fran-
35 çaise, tu vas voir, on va bien s'amuser.

Il est 11 heures et la Place du Marché est
noire de monde. Tout le monde continue à
danser. Il y a des gens qui regardent des fenêtres de leurs appartements. Tout à coup on
40 aperçoit des lumières de toutes les couleurs
très haut dans le ciel.

aperçoit / *inf.*
aperçevoir *to see,*
notice
la lumière *light*
le feu d'artifice
fireworks
rater *to miss*
la mairie *city hall*
fendre *to crack; here:*
to elbow one's way
through
la foule *crowd*

ISABELLE: Le feu d'artifice! Venez vite, on
rate le feu d'artifice.

MARC: C'est devant la mairie, suivez-moi!

45 Nos amis fendent la foule pour retrouver
une grande avenue qui va à la mairie. Il y a
beaucoup de monde qui regarde le feu d'artifice. Il y a aussi beaucoup de bruit. Des jeunes
lancent des pétards. Jenny a un peu peur.

le pétard *firecracker*

50 JEAN-PIERRE: Oh, la belle rouge!

ISABELLE: Regardez, la bleue!

MICHEL: Oh, celle-là, c'est la plus belle!

Jenny a mal au cou à force de regarder en
l'air. C'est vrai que le feu d'artifice est très

à force de *because of*

55   joli, plus grand que celui de Longville pour le
4 juillet. Mais il faut dire que Rouen est une
ville plus grande que Longville. . .

MICHEL: Alors, c'est beau?
JENNY: Oui, magnifique. C'est fini?
60   MICHEL: Oui, mais on ne rentre pas, on retourne danser.
JENNY: Danser!
ISABELLE: Mais oui, on va danser toute la
nuit, c'est la coutume.

65   Jenny n'a rien à redire à une coutume si   n'avoir rien à redire
amusante. La nuit se passe à danser. Jenny   (à) *to find no fault*
est heureuse. Elle a l'impression qu'elle con-   *with*
naît ces garçons et ces filles depuis toujours.
Elle se sent très à l'aise, tout le monde est dé-   décontracté *relaxed*
70   contracté. Jenny pense que, vraiment, en
France, on s'amuse bien!

Exercices

A.   Vrai *ou* Faux? *Dites si la phrase suivante est vraie ou fausse.*
Si elle est fausse, donnez la bonne réponse:

1. Le 14 juillet, c'est la fête nationale américaine.
2. Le jour du 14 juillet, il y a un défilé militaire à Paris.
3. En France, au 14 juillet, les gens dansent dans les
discothèques.
4. À Rouen, sur la Place du Marché, il y a un feu d'artifice.
5. Jenny pense qu'il y a beaucoup d'ambiance.

6. Jenny est contente parce qu'elle danse surtout avec Jean-Pierre.
7. Rouen est une ville plus petite que Longville.
8. Jenny s'amuse bien en France.

B. *Choisissez la meilleure réponse à la question posée:*

1. Où est le Président pendant qu'il regarde le défilé?
   (a) Sur une estrade.
   (b) Dans une tribune.
   (c) Sur la Place du Marché.
2. Qu'est-ce qui plaît le plus à Jenny?
   (a) Tout le monde danse.
   (b) Elle danse sur l'estrade.
   (c) Elle danse surtout avec Michel.
3. Qu'est-ce qui fait des lumières de toutes les couleurs dans le ciel?
   (a) Des gens qui regardent des fenêtres.
   (b) Des pétards.
   (c) Un feu d'artifice.
4. Pourquoi est-ce qu'il y a du bruit devant la mairie?
   (a) Des jeunes lancent des pétards.
   (b) Tout le monde danse.
   (c) Nos amis fendent la foule.
5. Pourquoi est-ce que Jenny a mal au cou?
   (a) Elle regarde trop en l'air.
   (b) Elle danse trop.
   (c) Elle lance des pétards.

C. *Mettez le verbe à la forme correcte du présent de l'indicatif:*

1. Jenny (danser) sur la place.
2. Les gens (chanter).
3. Et toi, est-ce que tu (aimer) danser?
4. Nous (détester) la musique militaire.
5. Mes parents (adorer) les défilés!
6. Où est-ce que nous (écouter) de la bonne musique?
7. Le Président (regarder) le défilé.
8. Les jeunes (lancer) des pétards.

D. *Mettez le verbe à la forme correcte du présent de l'indicatif. Attention, ces verbes sont irréguliers:*

1. Le 14 juillet, c'(être) la fête nationale française.
2. Il y (avoir) un défilé.
3. Tout le monde (voir) l'orchestre sur l'estrade.
4. Est-ce que tu (connaître) Laval?
5. Je (vouloir) aller danser.
6. Nous ne (pouvoir) pas regarder le défilé à la télévision.
7. Qu'est-ce que vous (faire) ce soir?
8. Qu'est-ce que tu (dire)?

E. *Discussion et composition:*

1. Quelle est la date de la fête nationale française?
2. Quelle est la date de la fête nationale américaine?
3. Le 14 juillet, en France, qu'est-ce qu'il y a le matin à Paris?
4. Le 14 juillet, en France, que font les gens le soir?

F. *Compréhension auditive. Écoutez chaque passage et trouvez la meilleure réponse à la question posée:*

1. Pourquoi est-ce que Marie est surprise?
   (a) C'est un défilé de majorettes.
   (b) Il n'y a pas de musique.
   (c) Il y a de la musique militaire sans majorettes.
2. Qu'est-ce qui rend le père de Pierre furieux?
   (a) Il y a trop de bruit dans le jardin.
   (b) La mère de Pierre danse.
   (c) Il y a trop de monde dans le jardin.
3. Pourquoi est-ce que la petite sœur de Marie-Claire a peur?
   (a) Il y a trop de bruit.
   (b) Il y a des pétards.
   (c) Elle ne voit pas sa sœur.
4. Comment Madame Dupont fait-elle peur aux élèves?
   (a) Elle a une voix forte.
   (b) Elle est grande.
   (c) Elle est prof de francais.

Chapitre 10

Jenny visite Paris

Isabelle, Jenny et Michel vont à Paris pour
la journée. Michel est étudiant en droit à l'u-
niversité de Rouen et il est en vacances. Il travaille dans un bureau pour l'été, mais c'est
5 aujourd'hui samedi et il emmène les filles à
Paris dans sa voiture.
Il n'y a pas du tout de circulation et ils arrivent à Paris après une heure et quart.

ISABELLE: Regarde la carte, Jenny. Tu vois,
10   on vient du nord et on va entrer dans
        Paris par la Porte de Clignancourt.
JENNY: Il y a une porte?
MICHEL: Non, il n'y a plus de porte. Avant,
        oui, il y a très très longtemps.
15 ISABELLE: Tu vois, chaque entrée de Paris
        s'appelle «Porte» quelque chose. Regarde,
        Porte d'Orléans, Porte de la Chapelle.
MICHEL: Puisqu'on est au nord, allons d'a-
        bord à Montmartre.
20 ISABELLE: Non, c'est plus joli la nuit, on va
        à Montmartre ce soir.

l'étudiant (m.) en
droit law student

le bureau office

la circulation traffic

57

JENNY: Montmartre, c'est là où il y a le Sa-
cré-Cœur?

ISABELLE: Oui, c'est ça, et la Place du Tertre
25 avec tous les artistes.

MICHEL: Bon, alors on va prendre le périphérique ouest et aller directement à la Tour
Eiffel.

le périphérique
beltway

JENNY: La Tour Eiffel, construite en 1889
30 pour l'Exposition Universelle par Monsieur Eiffel. . .

MICHEL: Bravo, tu as 20 sur 20!

20 sur 20 *equivalent to*
"A" or 100 percent

Et Michel sort du périphérique à la Porte
Maillot. Il passe au pied de la Tour Eiffel et
35 gare la voiture au parking. Il est seulement 10
heures du matin et il n'y a pas beaucoup de
touristes. Ils prennent l'ascenseur pour aller
au troisième étage.

garer *to park*

l'ascenseur *(m.)*
elevator

JENNY: La vue est magnifique!

40 MICHEL: Tiens, regarde, tu peux voir Notre-
Dame là-bas, et ici, à gauche, l'Arc de
Triomphe.

ISABELLE: Et le grand truc bleu et rouge, là-
bas, c'est Beaubourg.

le truc *"thing" (when*
one doesn't know its
name)

45 JENNY: Ah oui, le musée d'art moderne? Il y
a une photo dans mon livre.

Après une heure ils descendent de la Tour
Eiffel et décident de faire une pause-croissant
dans un café du Quartier latin. Jenny n'est
50 pas étonnée, elle reconnaît les monuments,
les églises, les avenues qui sont dans son livre
de français. Ils visitent Notre-Dame, entrent à
la Sorbonne, l'université de Paris, marchent
sur les quais de la Seine, montent le boule-
55 vard Saint-Michel.

la pause-croissant
croissant break

le quai *river bank*

MICHEL: J'ai l'impression que tu connais
déjà Paris!

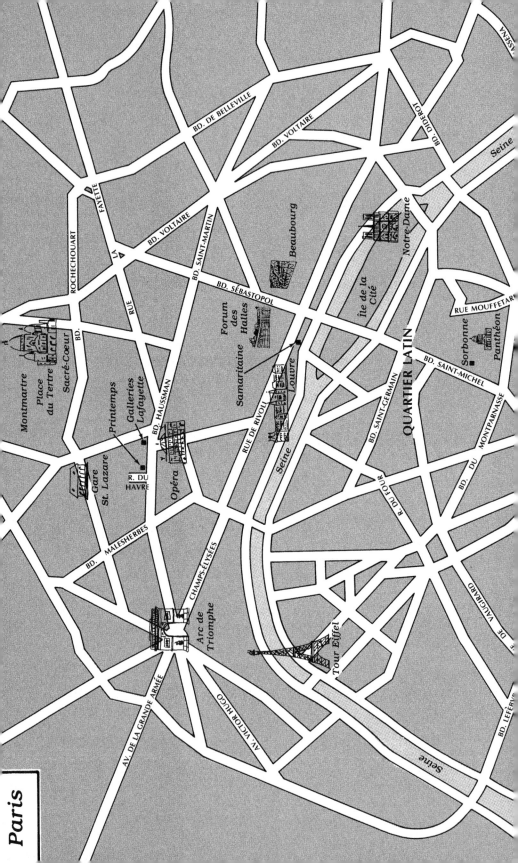

Paris

JENNY: J'ai un livre sur Paris avec beaucoup
de photos en couleur, et aussi, à l'école,
60 on a des films sur Paris.

Ils décident de déjeuner rue Mouffetard.
C'est une rue où il y a un marché en plein air.   en plein air *outdoor(s)*
C'est très amusant, il y a des marchands de
fruits, de légumes, des boucheries, des char-
65 cuteries, des pâtisseries. Il y a aussi beaucoup
de boutiques de robes, de chaussures. . .

ISABELLE: Oh, regarde ces chaussures Jenny,
elles sont formidables!

JENNY: Et ces robes! Ce n'est pas cher du
70 tout. On entre?

MICHEL: Ah non! Moi, je déteste les boutiques. Aujourd'hui, on voit Paris. Si vous
voulez faire des courses, revenez par le   faire des courses *to go*
train!   *shopping*

75 ISABELLE: D'accord, on revient cette semaine
par le train.

La visite continue toute la journée. Ils
marchent dans l'Île de la Cité, traversent la
Seine, visitent Beaubourg, remontent les
80 Champs-Élysées et terminent à Montmartre
où ils regardent les artistes faire le portrait
des touristes. Le soir, après dîner, avant de
quitter Paris, ils vont sur les marches du Sa-   la marche *step*
cré-Cœur pour voir les lumières de la ville.
85 «Je suis vraiment à Paris», pense Jenny avec
joie.

Exercices

A. **Vrai ou Faux?** *Dites si la phrase suivante est vraie ou fausse.*
Si elle est fausse, donnez la bonne réponse:

1. Michel est étudiant en droit.
2. Il y a beaucoup de circulation entre Rouen et Paris.
3. À la Porte de Clignancourt il y a une porte.
4. Montmartre est au nord de Paris.
5. Ils vont en haut de la Tour Eiffel à pied.
6. Jenny est très surprise de voir les monuments, les églises et les avenues.
7. Ils vont rue Mouffetard pour déjeuner.
8. Michel adore faire des courses.

B. *Choisissez la proposition qui complète le mieux la phrase:*

1. Ils arrivent à Paris après une heure et quart
   (a) parce que Michel a sa voiture.
   (b) parce que Michel connaît bien Paris.
   (c) parce qu'il n'y a pas de circulation.
2. À la Tour Eiffel, il n'y a pas beaucoup de touristes
   (a) quand on visite de bonne heure.
   (b) quand les gens prennent l'ascenseur.
   (c) quand il y a une exposition universelle.
3. Jenny n'est pas étonnée à Paris
   (a) parce qu'elle est américaine.
   (b) parce qu'elle connaît Paris.
   (c) parce qu'elle reconnaît les photos d'un livre.
4. La rue Mouffetard est très amusante
   (a) quand il y a une exposition.
   (b) quand on prend le déjeuner.
   (c) quand on veut faire des courses en plein air.
5. Jenny et Isabelle ne vont pas faire de courses
   (a) parce qu'elles n'ont pas d'argent.
   (b) parce que Michel veut faire des courses avec elles.
   (c) parce que Michel n'aime pas faire des courses.

C. *Le négatif. Répondez au négatif selon les modèles:*

EXEMPLES: Tu travailles encore?
Non, je ne travaille plus.

Tu veux quelque chose?
Non, je ne veux rien.

1. Tu regardes encore la Tour Eiffel?
2. Tu manges quelque chose?
3. Tu vois quelque chose?
4. Tu visites encore Notre-Dame?
5. Tu traverses encore Paris?

D. *Répondez à l'affirmatif selon les modèles:*

EXEMPLES: Tu ne vois personne?
Mais si, je vois quelqu'un!

Tu ne fais rien?
Mais si, je fais quelque chose!

1. Tu n'achètes rien?
2. Tu ne connais personne?
3. Tu ne regardes rien?
4. Tu ne veux rien?
5. Tu n'aimes personne?

E. *Discussion et composition. Regardez la carte de Paris:*

1. Paris est au sud ou au nord de Rouen?
2. Montmartre est au sud de Paris?
3. La Porte d'Orléans est à l'ouest de Paris?
4. Comment s'appelle la rivière qui traverse Paris?
5. Comment est-ce qu'on peut monter en haut de la Tour Eiffel?
6. Où est la Sorbonne?
7. Beaubourg, qu'est-ce que c'est?
8. La rue Mouffetard est près de la Tour Eiffel?

Chapitre 11

Aux grands magasins

C'est aujourd'hui mercredi et Jenny retourne à Paris avec Isabelle. Jenny est très surexcitée, elle adore Paris et c'est amusant de prendre le train et d'aller faire des courses.

5 Elles prennent le train de 7 heures du matin et à 8 heures elles sont à Paris, Gare Saint-Lazare.

JENNY: Il est trop tôt pour faire des courses, tout est fermé!

tôt *early*

10 ISABELLE: Ça ne fait rien, on va déjeuner.

Elles entrent dans un café où elles demandent un café au lait et des croissants.

JENNY: Depuis que je suis en France, je grossis! C'est à cause du pain et des

15 croissants!

grossir *to get fat*

ISABELLE: Mais non! Tu es très mince!

mince *slender*

JENNY: Mais regarde, mon pantalon est trop serré!

serré *tight*

ISABELLE: Alors, à midi, on ne déjeune pas!

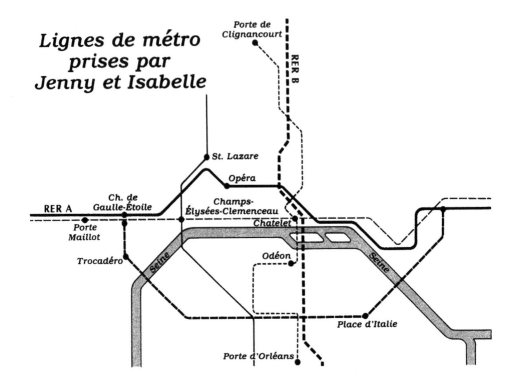

Lignes de métro prises par Jenny et Isabelle

Porte de Clignancourt

RER B

St. Lazare

Opéra

RER A   Ch. de Gaulle-Étoile   Champs-Élysées-Clemenceau

Chatelet

Porte Maillot

Trocadéro   Seine   Odéon   Seine

Place d'Italie

Porte d'Orléans

20   En attendant l'ouverture du Printemps et des Galeries Lafayette elles marchent dans les rues et regardent les boutiques.

JENNY: Oh, regarde ces sandales, elles sont formidables, mais la boutique est fermée.

25   ISABELLE: On va revenir plus tard. Regarde, c'est rue du Havre.

JENNY: J'ai à peu près 110 euros d'économies pour moi et 130 euros pour acheter des cadeaux à ma famille, et toi, tu as
30   combien?

ISABELLE: Moi, j'ai à peu près 70 euros. Oh, regarde cette robe rouge!

JENNY: Et la bleue, là-bas!

À 9 heures 30 elles entrent au Printemps.
35   Jenny connaît le magasin à cause de son livre

Printemps, Galeries Lafayette famous department stores in Paris

de français! (Elle pense que, décidément, c'est un livre qui la prépare bien pour sa visite.)

JENNY: Par quoi on commence?

40   ISABELLE: Écoute, on fait tous les étages. On va voir ce qui est intéressant.

l'étage *(m.) floor*

Les deux filles prennent l'escalier roulant et vont de rayon en rayon. Après deux heures Jenny achète une jupe pour elle et des boucles 45 d'oreilles pour sa sœur. Isabelle achète des sandales d'été. Elles sont très fatiguées et elles ont mal aux pieds.

l'escalier *(m.)* roulant *escalator*
le rayon *department (in a store)*
la boucle d'oreille *earring*

ISABELLE: On va dans un café prendre un coca?

50   JENNY: D'accord, je suis morte!

mort *dead*

Au café elles font des projets pour l'après-midi.

JENNY: Je veux absolument les sandales de la petite boutique rue du Havre.

55   ISABELLE: On peut y aller ce soir, avant de prendre le train. Tu veux aller au Quartier latin?

JENNY: Oui, et aussi rue Mouffetard. Tu sais, il y a beaucoup de boutiques.

60   Elles prennent le métro à Opéra pour aller au Quartier latin.

le métro *subway*

JENNY: Le métro est fantastique ici! Comme c'est propre, comme c'est agréable!

propre *clean*

ISABELLE: Regarde la carte. Tu vois, on est 65   ici, à Opéra. On va prendre le RER, on change à Châtelet et on prend la direction Porte d'Orléans et on descend à Odéon.

RER (Réseau Express Régional) *very fast express subway network*

JENNY: C'est drôlement facile de trouver son chemin ici, qu'est-ce que c'est que le 70   RER?

le chemin *way*

ISABELLE: C'est le métro express, il va très vite.

En effet, vingt minutes plus tard les deux filles sortent à Odéon, au centre du Quartier
75 latin. Elles vont voir les boutiques de la rue du Four et du boulevard Saint-Germain. Jenny trouve une robe d'été pour elle et une pipe pour son père. Isabelle s'achète un chemisier mauve.

le chemisier *(woman's) shirt*

80 Elles sont tellement fatiguées à quatre heures qu'elles vont dans un café du boulevard Saint-Michel.

JENNY: Dis donc, tu n'as pas faim, toi?

ISABELLE: Ben, si, j'ai faim, je meurs de
85 faim!

dis donc *say* (donc *is used here for emphasis)*
ben *slang for* bien
meurs / *inf.* mourir de faim *to be starving*
malgré *in spite of*

Et malgré leur résolution de ne pas manger, elles demandent un sandwich au jambon qu'elles dévorent en quelques minutes!

Exercices

A. Vrai *ou* Faux? *Dites si la phrase suivante est vraie ou fausse. Si elle est fausse, donnez la bonne réponse:*

1. Jenny et Isabelle retournent en voiture à Paris.
2. Jenny trouve qu'elle grossit en France.
3. Le Printemps et les Galeries Lafayette sont des grands magasins à Rouen.
4. Jenny a plus d'argent qu'Isabelle.
5. Au Printemps, Jenny achète une jupe et des boucles d'oreilles.
6. Le Quartier latin est le quartier des étudiants.
7. Le RER est un métro qui ne va pas vite.
8. Odéon est loin du Quartier latin.

B. *Choisissez la proposition qui complète le mieux la phrase:*

1. À côté de la gare Saint-Lazare, les boutiques sont fermées
   (a) parce qu'il est trop tard.
   (b) parce qu'il est trop tôt.
   (c) parce que c'est trop loin.
2. Depuis qu'elle est en France, Jenny
   (a) est mince.
   (b) ne déjeune pas.
   (c) grossit.
3. Jenny et Isabelle vont dans un café prendre un coca
   (a) parce qu'elles sont très fatiguées.
   (b) parce qu'elles n'aiment pas le Printemps.
   (c) parce qu'elles sont au Quartier latin.
4. Jenny et Isabelle vont au Quartier latin
   (a) pour visiter la Sorbonne.
   (b) pour voir les boutiques.
   (c) pour manger des croissants.

C. *Complétez les phrases de gauche avec le choix approprié:*

1. Je déjeune
2. J'achète cette robe
3. Je grossis
4. Je suis fatigué
5. J'adore le métro

a. à cause du RER.
b. parce que Paris est grand.
c. à cause des croissants.
d. parce qu'on marche beaucoup.
e. parce qu'elle est verte.
f. à cause de mes devoirs.
g. parce que j'ai faim.

D. *Répondez avec* oui *ou* si, *selon les exemples:*

EXEMPLES: Tu veux voir Paris?
Oui, je veux voir Paris.

Tu ne veux pas aller au cinéma?
Si, je veux aller au cinéma.

1. Tu n'as pas faim?
2. Tu connais Isabelle?
3. Tu n'aimes pas faire des courses?
4. Tu ne vas pas au Printemps?
5. Tu aimes Paris?
6. Tu ne déjeunes pas?
7. Tu comprends l'espagnol?
8. Tu ne parles pas français?

E. *Répondez selon le modèle:*

EXEMPLE: Je peux te parler?
Oui, parle-moi!

1. Je peux te répondre?
2. Je peux t'expliquer?
3. Je peux te demander?
4. Je peux t'écrire?
5. Je peux te téléphoner?
6. Je peux te dire bonjour?
7. Je peux te raconter?
8. Je peux t'apporter le journal?

F. *Changez les phrases en utilisant des pronoms compléments d'objets directs:*

EXEMPLE: Regarde la lettre!
Regarde-la!

1. Gardez la monnaie!
2. Mangez les glaces!
3. Achète le cadeau!
4. Appelle ta mère!
5. Remercie tes parents!
6. Donnez l'argent!
7. Prépare tes valises!

G. *Composition et discussion:*

1. Quand on vient de Rouen par le train, à quelle gare est-ce qu'on arrive à Paris?
2. Le Printemps, qu'est-ce que c'est?
3. Le Quartier latin, c'est le quartier des marchands de glaces?
4. Le RER, qu'est-ce que c'est?
5. Dans quel quartier est le boulevard Saint-Germain?
6. Le boulevard Saint-Michel est près de Montmartre?

H. *Faites des courses:*

1. Faites une liste de tout ce que Jenny achète à Paris.
2. Faites une liste de tout ce qu'Isabelle achète à Paris.
3. Faites une liste de ce que vous voulez acheter à Paris.

Chapitre 12

Le dernier train

Après leur sandwich de quatre heures, les
deux filles retrouvent leurs forces.

la force *strength*

JENNY: On retourne rue Mouffetard pour
voir les boutiques?

5 ISABELLE: D'accord, ce n'est pas loin. C'est
derrière le Panthéon. Tu veux visiter le
Panthéon?

JENNY: Qu'est-ce que c'est?

ISABELLE: C'est une immense église où il y a

10 les tombes d'hommes célèbres.

la tombe *tomb*

JENNY: Hum. . . J'aime mieux aller voir les
boutiques. . .

ISABELLE: Tu as raison, moi aussi!

Mais rue Mouffetard il n'y a pas de marché

15 le mercredi après-midi! Heureusement, les
boutiques de robes et de chaussures sont ou-
vertes. Il y a aussi une boutique de parfum
discount. Jenny achète du parfum pour sa
mère.

20 ISABELLE: Bon, maintenant on a le choix, on
prend le train de 18 heures 30 ou le train
de 20 heures pour Rouen?

JENNY: C'est comme tu veux. Qu'est-ce que
tu préfères?

25 ISABELLE: On peut aller aux Champs-Élysées
et prendre le train de 20 heures.

JENNY: D'accord. Où est le métro?

ISABELLE: Regarde la carte. On peut aller
Place d'Italie et prendre le métro aérien   aérien / f. aérienne
30   jusqu'à Charles de Gaulle-Étoile.   *elevated*

Dans le métro aérien Jenny peut revoir la
Seine et la Tour Eiffel. Aux Champs-Élysées,
tout est vraiment trop cher mais les vitrines   la vitrine *shop*
sont très jolies. Il y a beaucoup de cinémas.   *window*
35 On joue des films américains!

ISABELLE: On va au cinéma?

JENNY: Et le train?

ISABELLE: Ben, regarde l'horaire. Il y a un   l'horaire (*m.*) *schedule*
dernier train à 22 heures!

40 JENNY: Mais il faut téléphoner à ta mère!

Isabelle téléphone à sa mère d'une cabine
téléphonique.

ISABELLE: Maman est d'accord. Michel vient
nous chercher à la gare de Rouen à 11
45   heures.

JENNY: On voit quel film?

ISABELLE: Un film français, bien sûr! Tiens,
ce film a l'air drôle!

Et les deux filles entrent dans un cinéma et
50 prennent deux places. Jenny trouve le cinéma
très luxueux et les fauteuils confortables. Le   le fauteuil (*arm*)*chair*
film est amusant mais Jenny ne comprend
pas bien. Les acteurs parlent trop vite!
Il est 9 heures quand le film se termine. Le
55 métro pour aller à la gare Saint-Lazare est direct. Elles arrivent à la gare à 9 heures 30.

ISABELLE: Super, on est en avance. Le train
est à 10 heures. Regarde le panneau, c'est
sur quel quai?

en avance early

le quai platform

60   JENNY: Attends, voyons, 10 heures, c'est bien
22 heures?

ISABELLE: Oui, c'est ça, 22 heures, Rouen, je
ne vois pas.

JENNY: Il y a 18 heures 30, 20 heures. . . je
65   ne vois pas de 22 heures!

ISABELLE: Je vais demander au guichet.

*le guichet (ticket or
information) window*

Isabelle va au guichet de renseignements où
elle voit un employé.

ISABELLE: Pardon, Monsieur, le train de 22
70   heures pour Rouen, c'est sur quel quai?

L'EMPLOYÉ: Ah, Mademoiselle, ce train est
supprimé pendant les vacances!

supprimé canceled

ISABELLE: Supprimé! Mais alors, à quelle
heure est le prochain?

prochain next (one)

75   L'EMPLOYÉ: À 6 heures du matin, Mademoiselle.

ISABELLE: Jenny! Jenny, c'est terrible! Il n'y
a pas de train! Qu'est-ce qu'on va faire?

JENNY: Pas de train? On est perdues à Paris!
80   Ça alors, c'est amusant!

perdu lost

ISABELLE: Tu trouves, toi? Moi pas! Oh là là!
Qu'est-ce qu'on va faire?

Exercices

A. **Vrai *ou* Faux?** *Dites si la phrase suivante est vraie ou fausse. Si elle est fausse, donnez la bonne réponse:*

1. Les deux filles retournent rue Mouffetard pour visiter le Panthéon.
2. Jenny achète du parfum pour sa mère.
3. Elles décident de prendre le train de 18 heures 30 pour rentrer à Rouen.
4. Jenny achète beaucoup de choses aux Champs-Élysées.
5. Elles décident d'aller au théâtre avant de prendre le train.
6. Elles arrivent à la gare en retard pour le train de 22 heures.
7. Le train de 22 heures pour Rouen est supprimé.
8. Isabelle trouve que c'est amusant d'être perdu à Paris.

B. *Choisissez la proposition qui complète le mieux la phrase:*

1. Les deux filles décident de retourner rue Mouffetard
   (a) pour faire des courses.
   (b) pour visiter le Panthéon.
   (c) pour aller dans une église.
2. Elles veulent prendre le train de 22 heures
   (a) pour avoir le temps de dîner.
   (b) pour marcher aux Champs-Élysées.
   (c) pour aller au cinéma.
3. Jenny ne comprend pas bien le film
   (a) parce que c'est un film amusant.
   (b) parce que les acteurs parlent vite.
   (c) parce que les fauteuils sont confortables.
4. Il n'y a pas de train pour Rouen à 22 heures
   (a) parce que Jenny et Isabelle sont en retard.
   (b) parce que c'est le 14 juillet.
   (c) parce que c'est les vacances.

C. *Trouvez l'heure équivalente dans la colonne de droite:*

EXEMPLE: 18 heures?
        C'est 6 heures du soir.

1. 22 heures?	a. 7 heures du soir.
2. 13 heures?	b. 3 heures et quart de l'après-midi.
3. 21 heures?	c. 9 heures et demie du soir.
4. 15 heures 15?	d. 10 heures du soir.
5. 17 heures 45?	e. 2 heures de l'après-midi.
6. 19 heures?	f. 5 heures de l'après-midi.
7. 14 heures?	g. 11 heures et demie du soir.
8. 23 heures 30?	h. 1 heure de l'après-midi.
	i. 2 heures et quart de l'après-midi.
	j. 9 heures du soir.
	k. 6 heures moins le quart de l'après-midi.

D. *Posez la question selon le modèle.* **Utilisez quel, quelle, quels** *ou* **quelles:**

EXEMPLE: Regarde ce train!
        Quel train?

1. Regarde ces fauteuils!
2. Regarde cette gare!
3. Regarde ces filles!
4. Regarde ce film!
5. Regarde cet employé!
6. Regarde ces maisons blanches!
7. Regarde ces hommes!
8. Regarde ces chaussures vertes!

E. *Voici les descriptions de certains objets, lieux ou personnes.* **Nommez l'objet, le lieu ou la personne:**

EXEMPLE: On y montre des films.
        Un cinéma.

1. On y donne des renseignements.
2. On y vend des robes.
3. Un objet qui vous emmène des États-Unis en France.
4. Un objet qui vous emmène de Paris à Rouen selon un horaire.

5. Le gouvernant d'une ville.
6. La personne qui travaille dans un bureau ou dans une usine.
7. On y montre des tableaux et des sculptures.
8. On y vend du pain et des gâteaux.

F.   *Compréhension auditive. Écoutez chaque passage et trouvez la meilleure réponse à la question posée:*

1. À quelle heure est-ce que l'avion arrive à Chicago?
   (a) À 8 heures et demie du soir.
   (b) À 5 heures de l'après-midi.
   (c) À 9 heures et demie du soir.
2. Pourquoi est-ce que ma sœur regarde les vitrines?
   (a) Elle n'a pas d'argent.
   (b) Elle achète beaucoup de choses.
   (c) Elle aime faire des courses.
3. Pourquoi est-ce que Pierre ne comprend pas?
   (a) Les acteurs parlent trop vite.
   (b) C'est en français.
   (c) C'est en espagnol.
4. Pourquoi est-ce qu'il faut prendre l'avion de 19 heures 30?
   (a) L'avion de 18 heures est en retard.
   (b) L'avion de 18 heures est supprimé.
   (c) L'avion de 18 heures est en avance.

Chapitre 13

Encore à Paris!

Isabelle et Jenny sont à la gare Saint-Lazare, toutes seules à Paris, et il est 10 heures du soir! La première chose à faire est de téléphoner à Rouen. Son père décroche.

décrocher *to pick up (téléphone)*

5   M. MARTIN: Allo, j'écoute?

ISABELLE: Papa? C'est Isabelle, on a un problème.

M. MARTIN: Où êtes-vous? À la gare de Rouen? À Paris?

10   ISABELLE: On est à Paris, Papa, il n'y a plus de train ce soir! Le train de 22 heures est supprimé l'été!

M. MARTIN: Je vois! Pas de train. . . Attends, j'appelle ta mère. . . Chérie, viens vite,

15   c'est Isabelle, prends le téléphone de la chambre.

ISABELLE: Maman? Maman, il n'y a plus de train ce soir! Le prochain est demain à 6 heures du matin! Qu'est-ce qu'on fait?

20   M. MARTIN: Je peux aller les chercher.

MME MARTIN: Oui, bien sûr, à moins que. . . oui, c'est cela, vous pouvez aller coucher chez Janine!

à moins que *unless*

coucher *to sleep, spend the night*

79

M. Martin: Excellente idée. Isabelle, appelle
25   Janine et raconte-lui la situation. Si vous   raconter *to tell*
pouvez coucher chez elle, dis-lui de nous
téléphoner. Son numéro est 01.43.33.65.42.

Pendant qu'elle compose le numéro de Janine, Isabelle explique à Jenny que Janine est
30   une tante qui habite au Trocadéro, près de la
Tour Eiffel. Heureusement Janine est chez
elle et elle invite aussitôt les filles à passer la
nuit.

Et c'est ainsi que Jenny et Isabelle passent
35   deux jours à Paris! Janine a un grand appartement avenue Victor-Hugo. Ses enfants
sont en vacances et Isabelle et Jenny peuvent
dormir dans leur chambre. Elles sont tellement fatiguées qu'elles dorment jusqu'à midi!

40   Janine: Allez, debout! Allez les paresseuses!   paresseux / f.
Il est midi! Venez déjeuner.   paresseuse *lazy (one)*

Jenny pense qu'elle rêve. En entrant dans la   rêver *to dream*
cuisine, il y a une odeur qu'elle reconnaît.   l'odeur *(f.) smell*
Une odeur qui lui rappelle Longville, le week-
45   end. . . qu'est-ce que c'est? Mais oui! C'est l'o-
deur des œufs avec du bacon. . .

Isabelle: Oh, Janine, comme c'est gentil!
Tu nous fais un petit déjeuner américain!
Des œufs et du bacon. . .

50   Jenny: Alors, ce n'est pas un rêve! Des
œufs!. . . du bacon. . .

Janine: Et pourquoi pas? Mais vous savez,
ce n'est pas le petit déjeuner!. . . Il est
midi. . . C'est plutôt le déjeuner!

55   Après ce bon déjeuner, les deux filles
quittent Janine et décident de marcher un
peu dans l'Île de la Cité avant de prendre le
train pour Rouen.

ISABELLE: Puisqu'on a le temps, on peut   *puisque since*
60   faire des courses au Forum des Halles.

JENNY: Qu'est-ce que c'est?

ISABELLE: C'est un grand centre commercial   le centre commercial
près de Beaubourg.   *shopping center*

Et, bien sûr, il y a des soldes partout et   le solde *sale (at*
65   Jenny trouve un joli sac rouge pour son autre   *reduced prices)*
sœur et un foulard pour elle.   Le foulard *(thin) scarf*

Dans le train de 15 heures, en direction de
Rouen, elles admirent leurs achats.   les achats *(m.)*
purchses

JENNY: Zut alors, il me reste seulement 60   zut alor! *darn!*
70   euros.

ISABELLE: Oui, mais tu as tes cadeaux, et
pour toi, regarde, une jupe, une robe, le
foulard!

JENNY: Et les sandales? Les sandales de la
75   boutique de la rue du Havre!

ISABELLE: Et bien, on va revenir. . . Paris, ce
n'est pas loin!

Exercices

A. **Vrai** *ou* **Faux?** *Dites si la phrase suivante est vraie ou fausse.*
Si elle est fausse, donnez la bonne réponse:

1. Quand Isabelle téléphone à Rouen, c'est sa mère qui décroche.
2. Monsieur Martin propose d'aller à Paris chercher Jenny et Isabelle.
3. Janine est une tante d'Isabelle.
4. Janine habite dans un petit appartement rue Mouffetard.
5. Le lendemain matin, Janine fait des crêpes pour Jenny et Isabelle.
6. Les deux filles marchent dans l'Île de la Cité avant de prendre le train pour Rouen.
7. Le Forum des Halles est un grand centre culturel.
8. Jenny achète un foulard pour son autre sœur et un sac pour elle.

B. *Choisissez la proposition qui complète le mieux la phrase:*

1. Jenny et Isabelle sont à la gare Saint-Lazare à 10 heures du soir
   (a) parce qu'elles aiment Paris la nuit.
   (b) parce que le train de 22 heures part à 23 heures.
   (c) parce que le train de 22 heures est supprimé.
2. Isabelle téléphone à Janine
   (a) pour lui demander de les emmener à Rouen.
   (b) pour lui demander de coucher chez elle.
   (c) pour lui demander de l'argent.
3. Le lendemain matin Jenny pense qu'elle rêve
   (a) parce qu'elle reconnaît l'odeur des œufs avec du bacon.
   (b) parce qu'il est midi.
   (c) parce que Janine est la tante d'Isabelle.
4. Les deux filles décident de revenir à Paris un autre jour
   (a) pour visiter le Panthéon.
   (b) pour voir Janine.
   (c) pour acheter des sandales rue du Havre.

C. *Répondez aux questions en utilisant le pronom d'objet indirect* **lui** *ou* **leur:**

EXEMPLE: Tu parles à Jenny?
　　　　　Oui, je lui parle.

1. Tu téléphones à tes parents?
2. Tu demandes à Janine?
3. Tu expliques à Jenny?
4. Tu donnes les cadeaux à tes sœurs?
5. Tu racontes l'histoire à ton père?

D. *Répondez aux questions de l'exercice* **C** *au négatif:*

EXEMPLE: Tu parles à Jenny?
　　　　　Non, je ne lui parle pas.

E. *Impératif. Répondez selon le modèle en utilisant* **lui** *ou* **leur:**

EXEMPLE: Je peux parler à Isabelle?
　　　　　Mais oui, parle-lui!

1. Je peux raconter l'histoire à Janine?
2. Je peux téléphoner à mes parents?
3. Je peux expliquer le problème à ton frère?
4. Je peux demander à ma mère?
5. Je peux montrer la ville à tes amis?
6. Je peux dire à Marc de nous téléphoner?

F. *Impératif négatif. Répondez aux questions de l'exercice* **E** *au négatif selon le modèle:*

EXEMPLE: Je peux parler à Isabelle?
　　　　　Mais non, ne lui parle pas!

G. *Répondez aux questions avec* de, du, de l', de la *ou* des:

EXEMPLES: D'où viens-tu? (France)
　　　　　Je viens de France.

　　　　　D'où viens-tu? (le restaurant)
　　　　　Je viens du restaurant.

1. D'où viens-tu? (San Diego)
2. D'où viens-tu? (l'école)
3. D'où viens-tu? (le café)
4. D'où viens-tu? (les États-Unis)

5. D'où viens-tu? (l'université)
6. D'où viens-tu? (la maison)
7. D'où viens-tu? (le musée)

H. *Complétez les phrases avec les mots appropriés choisis dans la liste suivante:*

achatŝ   odeur   supprimé
coucher   paresseux tante
décroche   rêve   vacances
loin   soldes

1. Isabelle téléphone chez elle, et son père ____.
2. Le train de Rouen est ____.
3. Madame Martin pense que les filles peuvent aller ____ chez Janine.
4. Janine est la ____ d'Isabelle.
5. Les enfants de Janine sont en ____.
6. En entrant dans la cuisine, Jenny reconnaît une ____ familière.
7. Dans le train, les filles admirent leurs ____.
8. Elles vont revenir parce que Paris n'est pas ____.

Chapitre 14

Les crêpes

Il y a trois semaines que Jenny est chez
Isabelle et elle s'habitue à la nourriture française. Elle aide même Isabelle et sa mère à
faire la cuisine. Elle copie des recettes dans
5 un cahier rouge et elle veut faire beaucoup de
cuisine à son retour aux États-Unis. Ce soir,
Isabelle décide de faire des crêpes.

faire la cuisine *to do the cooking*
la recette *recipe*

MME MARTIN: C'est comme des «pancakes»
américains, mais c'est très très mince.

10 JENNY: Chez nous, on mange les «pancakes»
le matin. Les crêpes aussi?

ISABELLE: Non, en général on les mange le
soir ou l'après-midi.

JENNY: Bon, alors je copie la recette et toi tu
15 fais les crêpes?

ISABELLE: Tiens, voilà la recette, mais tu
sais, on fait chacun ses crêpes. Toi aussi,
tu vas travailler!

Jenny copie la recette: 250 grammes de fa-
20 rine, 4 œufs, 1/2 litre de lait, une cuillerée de
sucre vanillé, une pincée de sel, 50 grammes
de beurre et une cuillerée de cognac.

la farine *flour*
la cuillerée
(table)spoonful
la pincée *pinch*

ISABELLE: Tiens, casse les œufs dans le bol et mets-les dans le mixer avec la farine et le lait.

tiens! / *inf.* tenir *here!*
casser *to break*

25

JENNY: Je mets les jaunes ou les blancs?

ISABELLE: Mets tout, il faut des œufs entiers.

JENNY: Tu as le sel?

ISABELLE: Voilà, une pincée de sel et le beurre fondu. Maintenant, ferme et appuie sur le bouton.

fondu *melted*
appuyer *to push*

30

JENNY: Et le cognac?

ISABELLE: Ah oui, pardon, voilà un peu de cognac. Vas-y!

vas-y! *go ahead!*

35

La pâte à crêpes est prête et Isabelle met la poêle sur la gazinière. Elle met de l'huile dans la poêle.

la pâte *dough*
la poêle *frying pan*
la gazinière *(gas) stove*

ISABELLE: La poêle doit être très chaude. Je vais faire la première crêpe pour te montrer.

40

Isabelle met une grosse cuillerée de pâte dans la poêle et tourne la poêle avec le manche pour étaler la pâte.

le manche *handle*
étaler *to spread out*

ISABELLE: Maintenant, on attend deux minutes. Après, on fait sauter la crêpe en l'air pour la retourner. Tu vas voir, c'est facile.

45

sauter *to jump*

Et d'un coup sec du poignet Isabelle fait sauter la crêpe qui se retourne avant de retomber dans la poêle.

le coup sec du poignet *thrust with the wrist*

50

ISABELLE: Tu vois comme c'est facile! Regarde, dans une minute le deuxième côté va être cuit. Tu veux la manger?

cuit *cooked*

JENNY: Non, je veux manger ma crêpe, la crêpe que je vais faire!

55

ISABELLE: Voilà, on met du sucre au milieu, ou de la confiture.

la confiture *preserves, jam*

JENNY: Bon, alors, à moi. Je mets la pâte,
voilà, je tourne. Bon, j'attends combien
de temps avant de la retourner?

60 ISABELLE: Deux minutes à peu près, tu vas
voir, la crêpe glisse dans la poêle.

glisser to slide

JENNY: Maintenant? Je peux tourner?

ISABELLE: Oui, vas-y, fais-la sauter, attention!

65 Jenny, d'un coup sec du poignet fait sauter
la crêpe qui retombe. . . à côté de la poêle, sur
la gazinière! Isabelle ne peut pas s'empêcher
de rire.

*s'empêcher de to keep
from*

ISABELLE: Raté! Allez, recommence, tu n'as
70 pas l'habitude.

Jenny est vexée mais elle recommence.

JENNY: Bon, cette fois-ci, je fais attention.
Un, deux, trois, et hop! La crêpe saute en
l'air et retombe. . . par terre!

par terre on the floor

75 Isabelle rit tellement qu'elle doit s'asseoir.
Madame Martin arrive.

MME MARTIN: Alors, on s'amuse bien? Ah, je
vois. . . ce n'est pas facile de faire sauter
des crêpes, ma pauvre Jenny. Mais vous
80 savez, il y a un autre moyen, vous n'avez
pas besoin de les faire sauter en l'air.

*on s'amuse bien?
we're having a good
time?*

Et Madame Martin fait voir à Jenny comment on peut retourner la crêpe tout simple-
ment avec les doigts et une fourchette!

faire voir to show

Exercices

A. **Vrai ou Faux?** *Dites si la phrase suivante est vraie ou fausse.*
Si elle est fausse, donnez la bonne réponse:

1. Jenny s'habitue à la nourriture française.
2. Elle copie des recettes dans un cahier vert.
3. En France, on mange les crêpes le matin.
4. Pour faire des crêpes il faut mettre le jaune et le blanc des œufs.
5. Pour réussir les crêpes, il faut une poêle très froide.
6. Isabelle fait sauter la crêpe qui retombe sur la gazinière.
7. La deuxième crêpe de Jenny retombe par terre.
8. Madame Martin dit qu'on peut retourner les crêpes avec une fourchette et les doigts.

B. *Choisissez la proposition qui complète le mieux la phrase:*

1. Jenny copie des recettes
   (a) parce qu'elle aime écrire en français.
   (b) parce qu'elle a peur de grossir.
   (c) parce qu'elle veut faire la cuisine aux États-Unis.
2. Isabelle fait la première crêpe
   (a) pour montrer à Jenny.
   (b) parce qu'elle adore les crêpes.
   (c) parce que la poêle n'est pas chaude.
3. On fait sauter la crêpe en l'air, d'un coup sec du poignet,
   (a) pour s'amuser.
   (b) pour voir où elle tombe.
   (c) pour la retourner.
4. Isabelle doit s'asseoir
   (a) parce qu'elle rit.
   (b) parce qu'elle mange sa crêpe.
   (c) parce qu'elle est fatiguée.

C. **Les aliments. Complétez les phrases avec les mots appropriés. Attention au partitif:**

le beurre	le lait	le sel
la confiture	les œufs	le sirop d'érable
la farine	le poivre	le sucre
l'huile	la sauce	le vinaigre

EXEMPLE: Dans mon lait je mets **du** café.

1. Dans mon café je mets ____.
2. Sur ma viande je mets ____.
3. Dans la poêle je mets ____.
4. Pour faire une omelette, je mets ____.
5. Pour faire de la pâte à tarte, je mets ____.
6. Dans la salade je mets ____.
7. Sur les pancakes je mets ____.
8. Sur mon pain je mets ____.

D. **Choisissez l'objet de droite qui correspond à la description de gauche:**

1. une pâte de farine, d'œufs et de lait
2. des chaussures très confortables
3. un moyen pour donner des renseignements
4. un plan qui indique les arrivées et les départs
5. une pâtisserie populaire en France
6. une place pour garer les voitures
7. une pièce où l'on étudie les sciences naturelles
8. un aliment populaire aux États-Unis
9. une place pour garder des vêtements
10. un endroit où les avions arrivent

a. un horaire
b. une panne
c. une armoire
d. une crêpe
e. une tribune
f. des sandales
g. un appartement
h. un aéroport
i. le beurre de cacahuètes
j. un escargot
k. un panneau
l. un laboratoire
m. une horreur
n. un croissant
o. un parking

E. *Répondez avec le pronom direct ou indirect* le, la, l', les, lui *ou* leur:

EXEMPLE: Tu veux téléphoner à Jean?
Oui, je veux lui téléphoner.

1. Tu vas retourner ta crêpe?
2. Tu peux acheter ces chaussures?
3. Tu veux manger tes frites?
4. Tu vas attendre ta sœur?
5. Tu peux prendre le train?
6. Tu veux parler à Isabelle?
7. Tu vas téléphoner à tes parents?
8. Tu veux écrire la recette?

F. *Composition. Vous invitez des amis à manger des crêpes. Racontez comment vous les faites.*

Chapitre 15

On part pour Chamboulive

Il y a un mois et une semaine que Jenny est
en France et elle se sent chez elle à Rouen.
Elle n'écrit pas souvent à sa famille parce
qu'elle est un peu paresseuse. Son père télé-
5 phone chaque semaine mais il ne s'inquiète
plus.

Monsieur et Madame Martin veulent que
Jenny visite un peu la France. Ils décident
d'aller dans le sud-ouest, à Chamboulive, un
10 petit village où habitent les parents de Madame Martin. Jenny est heureuse de partir
avec Isabelle mais elle regrette de quitter
Michel. Michel doit travailler et il ne peut pas
quitter son travail pour quinze jours!

quinze jours *(colloquial)*
two weeks
l'étape *(f.) stretch, "leg"*

15 M. MARTIN: Notre première étape est Tours,
au centre des châteaux de la Loire, et on
va visiter la région avant d'aller plus au
sud. Alors, les filles, demain, départ à 5
heures!

20 JENNY: Cinq heures du matin?

93

ISABELLE: Papa est toujours comme cela. Quand on part en vacances, c'est à 4 ou 5 heures du matin!

M. MARTIN: Vous comprenez, Jenny, il n'y a
25 pas de circulation, on roule bien, on peut traverser Paris sans embouteillages, et puis, à Tours, je connais un petit restaurant où il y a des rillettes extraordinaires. . .

rouler *to move along (in a car)*
l'embouteillage *(m.) traffic jam*
les rillettes *(f.) pâté made with pork*

30 C'est ainsi que le lendemain, à 5 heures précises, Jenny, Isabelle et ses parents quittent Rouen en direction du sud. Ce sont les filles qui ont les cartes routières et qui naviguent. C'est très amusant.

la carte routière *road map*

35 Ils traversent un Paris vide et prennent leur petit déjeuner Porte d'Orléans, dans un petit café plein d'ouvriers qui partent au travail.

vide *empty*

l'ouvrier *(m.) worker*

À huit heures ils arrivent à Chartres (où ils visitent la cathédrale), et à 10 heures ils font
40 un tour dans Vendôme, une ville très ancienne qui plaît beaucoup à Jenny. Ils repartent en direction de Tours.

JENNY: C'est incroyable, on est presqu'à Tours, il est seulement 11 heures 30! On
45 roule très vite en France?

incroyable *incredible*

ISABELLE: Sur l'autoroute la vitesse est limitée à 130 km à l'heure.

la vitesse *speed*

JENNY: 130 km, c'est combien de miles?

M. MARTIN: C'est 80 miles.

50 JENNY: En effet, aux États-Unis, la vitesse est limitée à 55 miles!

en effet *actually*

M. MARTIN: Oui, je sais, c'est 90 km à l'heure, mais il y a sans doute moins d'accidents! Ah, tenez, on entre dans Tours.

55 Monsieur Martin semble connaître très bien la ville. Il tourne à droite, à gauche, va di-

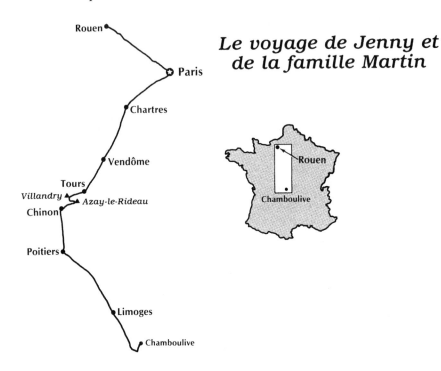

Le voyage de Jenny et de la famille Martin

rectement dans ce qu'il appelle le «vieux quartier» et gare la voiture sur une jolie petite place entourée de vieilles maisons reno-
60 vées.

> M. Martin: Et voilà, nous sommes à Tours, la capitale des rillettes. . . Vous allez manger des rillettes délicieuses dans ce petit restaurant!

65 À l'étonnement de Jenny le repas dure deux heures.

durer *to last*

> Jenny: C'est drôle, en France, on roule vite, on part de très bonne heure, mais on reste deux heures au restaurant! Aux
70 États-Unis, c'est le contraire. En vacances, on roule doucement, mais on mange en 10 minutes!

M. MARTIN: Mais vous voyez, ma petite
Jenny, voyager, pour les Français, c'est
75   surtout une aventure gastronomique!

ISABELLE: Oh, papa, tu exagères! Parle pour
toi! Les jeunes sont différents... Ils
voyagent pour voir le pays, rencontrer les
gens... pas pour manger!

80 M. MARTIN: C'est parce que les jeunes ne
savent pas ce qui est bon!

MME MARTIN: Allez, les filles, allez vous promener pendant que Papa finit son café...
Il aime le savourer lentement.

savourer *to savor, relish*

85   Et pendant que Jenny et Isabelle font un
tour dans les petites rues de cette vieille ville,
Jenny se demande si Monsieur Martin connaît
tous les bons restaurants des villes de France!

se demande *wonders*

Exercices

A. **Vrai ou Faux?** *Dites si la phrase suivante est vraie ou fausse. Si elle est fausse, donnez la bonne réponse:*

1. Le père de Jenny téléphone chaque semaine.
2. Chamboulive est une grande ville au nord de la France.
3. Michel part en vacances avec Isabelle et Jenny.
4. Monsieur Martin veut partir à 5 heures du matin.
5. Ils prennent le petit déjeuner à Rouen, avant de partir.
6. En France la vitesse est limitée à 80 kilomètres à l'heure.
7. Monsieur Martin s'arrête à Tours, dans le vieux quartier.
8. À Tours le déjeuner dure 10 minutes.

B. *Choisissez la proposition qui complète le mieux la phrase:*

1. Jenny n'écrit pas souvent à ses parents
   (a) parce qu'elle n'a rien à dire.
   (b) parce qu'elle est paresseuse.
   (c) parce que son père n'est plus nerveux.
2. Michel ne peut pas venir
   (a) parce qu'il doit travailler.
   (b) parce qu'il doit quitter son travail.
   (c) parce qu'il doit voyager.
3. Monsieur Martin veut partir à 5 heures du matin
   (a) pour prendre son petit déjeuner Porte d'Orléans.
   (b) pour visiter les châteaux de la Loire.
   (c) pour traverser Paris quand il n'y a pas de circulation.
4. Ils arrivent de bonne heure à Tours
   (a) parce que c'est loin.
   (b) parce qu'en France on roule vite.
   (c) parce qu'en France on roule lentement.
5. Monsieur Martin choisit un restaurant à Tours
   (a) où l'on mange une spécialité délicieuse.
   (b) où le déjeuner va très vite.
   (c) où les prix sont bon marché.

C. *Mettez les verbes à la forme appropriée selon le modèle:*

EXEMPLE: Ils (finir).
         Ils finissent.

1. Monsieur Martin (choisir) un restaurant.
2. Les avions (atterrir) à l'aéroport Orly.
3. Jenny, est-ce que tu (grossir) depuis que tu es en France?
4. Je (remplir) mon verre.
5. Vous (finir) le déjeuner à midi?
6. Au cinéma, en général, nous n'(applaudir) pas.

D. *Mettez les verbes à la forme appropriée selon le modèle:*

EXEMPLE: Nous (attendre).
         Nous attendons.

1. À Paris, Jenny (prendre) le métro.
2. Vous (vendre) votre maison?
3. Qu'est-ce que tu (attendre)?
4. Ma sœur (répondre) à toutes mes lettres.
5. Mes parents (perdre) toujours les numéros de téléphone.
6. Le matin, j'(attendre) l'autobus pendant cinq minutes.

E. *Complétez avec les mots appropriés choisis dans la liste suivante:*

dure	vitesse	paresseuse
roule	heureuse	rillettes
ouvriers	embouteillages	

1. Jenny est trop ____ pour écrire à sa famille.
2. Les ____ prennent leur petit déjeuner dans un petit café.
3. À 4 heures du matin nous traversons Paris sans ____.
4. À Tours le déjeuner ____ 2 heures.
5. En France la ____ sur l'autoroute est limitée à 130 km.

F. *Mettez la préposition qui convient devant chaque pays. Choisissez entre* au, en *et* aux:

1. Ma sœur va ____ Belgique et ____ Luxembourg.
2. Moi, je vais ____ États-Unis et ____ Canada.
3. Est-ce que vous allez ____ France?
4. Ils vont ____ Japon et ____ Chine.
5. Ma mère est ____ Brésil et elle va ____ Mexique.
6. Je veux aller ____ Angleterre et ____ Irlande.
7. Ils vont ____ Espagne et ____ Maroc.

G. *Discussion et composition:*

1. En France, sur l'autoroute, la vitesse est limitée à combien?
2. À Chartres, qu'est-ce qu'on peut visiter?
3. Vendôme, qu'est-ce que c'est?
4. À Tours, quelle spécialité est-ce qu'on peut manger?
5. Chamboulive, c'est au nord de la France?
6. À quelle heure est-ce qu'il n'y a pas de circulation à Paris?

Chapitre 16

Les châteaux de la Loire

Après le copieux déjeuner à Tours, Monsieur Martin décide de faire voir quelques châteaux à Jenny. Sur la carte, on voit qu'il y a au moins quinze châteaux dans la région!

copieux / f. copieuse *abundant*

5 ISABELLE: Papa, on va d'abord à Azay-le-Rideau? C'est mon préféré.

M. MARTIN: On peut déjà passer par Villandry pour voir les jardins et ensuite, oui, on va visiter Azay.

10 À Villandry, Jenny est émerveillée par les jardins magnifiquement arrangés, les massifs en forme de cœur, les fleurs superbes.

émerveillé *enchanted*
le massif *bush*

JENNY: C'est exactement comme sur une photo!

15 Azay-le-Rideau, le château préféré d'Isabelle, enchante aussi Jenny. Il est tout petit, au milieu d'un parc splendide. Ils décident de visiter l'intérieur.

101

MME MARTIN: Vous savez, Jenny, chaque
20   château est différent, par le style, l'archi-
tecture, le mobilier. . .

le mobilier *furniture*

ISABELLE: Oui, mais tu sais, on ne va pas visiter tous les châteaux! Azay seulement,
les autres, comme par exemple Chenon-
25   ceaux et Chambord, on peut les voir de
l'extérieur.

L'intérieur du château est tout à fait
comme dans un conte de fée. Nos amis sont
dans un petit salon décoré tout en or quand
30   on entend de loin quelqu'un qui appelle
«Jenny, Jenny Brown!» Très étonnée, Jenny
se retourne et, au milieu d'un groupe de

tout à fait *here:
exactly*
le conte de fée *fairy
tale*
l'or *(m.) gold*

Les châteaux
de la Loire

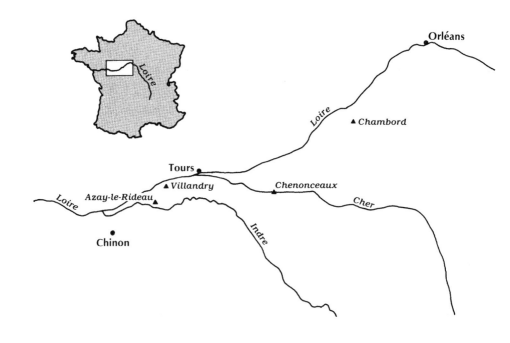

jeunes, elle aperçoit Mark, le garçon qui travaille avec elle, à Longville, chez le marchand
35 de glaces!

JENNY: Mark! Qu'est-ce que tu fais ici? En
France?

MARK: Tu vois, je visite les châteaux de la
Loire!

40 JENNY: Mais, pourquoi est-ce que tu es en
France?

MARK: C'est un cadeau-surprise de ma
grand-mère, un voyage organisé en Europe pour trois semaines.

45 JENNY: Trois semaines! Dans quels pays?

MARK: D'abord en Italie, puis en France, en
Espagne, en Allemagne et finalement, en
Angleterre.

JENNY: Mais alors, c'est combien de jours
50 dans chaque pays?

MARK: Quatre jours.

JENNY: Quatre jours!

MARK: Oui, aujourd'hui, c'est les châteaux
de la Loire. Ce soir et demain, c'est Paris,
55 après-demain, Madrid. Et toi, tu t'amuses
bien?

JENNY: Oui, beaucoup, et tu sais que je parle
toujours français!

MARK: Bravo! Mais dis donc, où est mon
60 groupe? Zut alors! Je dois partir... Tu
sais, je trouve les châteaux un peu... ennuyeux!

> ennuyeux / f.
> ennuyeuse *boring*

JENNY: Moi pas! Je trouve Azay-le-Rideau
fantastique...

65 MARK: Peut-être, mais moi, c'est mon qua-
trième château en deux heures! ... Allez,
salut, bonne fin de vacances! Tu sais que
la rentrée, c'est dans un mois!

> la rentrée *reopening*
> *(of school)*

JENNY: Au revoir Mark, amuse-toi bien!

amuse-toi bien *have a good time*

70   Après le départ de Mark Jenny pense avec tristesse que, si la rentrée est dans un mois, elle va quitter la France dans trois semaines! Mais déjà Isabelle la rejoint.

rejoint / *inf.* rejoindre *to join*

ISABELLE: C'est un Américain que tu con-
75   nais?

JENNY: Oui, il travaille avec moi le week-end. Tu sais, je pars dans trois semaines!

ISABELLE: N'y pense pas, on va bien s'amuser chez mon grand-père, tu vas voir.

n'y pense pas *don't think about it*

80   Le soir, c'est à Chinon que tout le monde couche.

ISABELLE: Voyons, Papa, pourquoi à Chinon?

M. MARTIN: C'est une très jolie ville du Moyen Âge, il y a des jolies petites rues
85   escarpées et. . .

le Moyen Âge *Middle Ages*
escarpé *steep*

MME MARTIN: Tu connais un petit restaurant. . .

ISABELLE: Où on mange une spécialité extraordinaire!

90   M. MARTIN: Euh, justement, oui, je connais un endroit très bien pour manger, vous allez voir, c'est extra!

extra *colloquial for* extraordinaire

Et Jenny pense que, décidément, Monsieur Martin a la carte gastronomique de la France
95   dans la tête, ou plutôt, dans l'estomac!

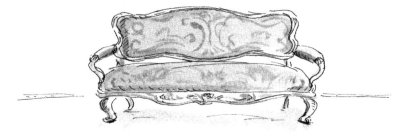

Exercices

A. **Vrai** *ou* **Faux.** *Dites si la phrase suivante est vraie ou fausse. Si elle est fausse, donnez la bonne réponse:*

1. Il y a beaucoup de châteaux dans la région de la Loire.
2. Le château préféré d'Isabelle est Villandry.
3. Azay-le Rideau est un très grand château.
4. Pendant qu'elle visite Azay-le-Rideau, Jenny rencontre Mark.
5. Mark est en France pour deux mois.
6. Il reste quatre jours dans chaque pays qu'il visite.
7. Jenny est triste parce que Mark part.
8. Tout le monde va coucher à Chinon.

B. *Choisissez la proposition qui complète le mieux la phrase:*

1. Isabelle veut d'abord visiter Azay-le-Rideau
   (a) parce que c'est le plus grand château.
   (b) parce que c'est le plus petit château.
   (c) parce que c'est son château préféré.
2. À Villandry, Jenny est emerveillée par
   (a) le mobilier.
   (b) le salon décoré tout en or.
   (c) les jardins.
3. Mark est en France
   (a) parce que c'est un cadeau de sa grand-mère.
   (b) parce qu'il travaille chez un marchand de glaces.
   (c) pour voir Jenny.
4. Mark trouve les châteaux un peu ennuyeux
   (a) parce qu'il est américain.
   (b) parce qu'il voit trop de châteaux.
   (c) parce qu'il ne parle pas français.
5. Toute la famille va coucher à Chinon
   (a) pour visiter un château fantastique.
   (b) pour s'amuser chez le grand-père.
   (c) pour manger dans un très bon restaurant.

C. **Vocabulaire. Complétez avec les mots appropriés choisis dans la liste suivante:**

châteaux	glaces	mois
copieux	grand-mère	région
ennuyeux	jardins	restaurant
fée	mobilier	

1. Sur la carte, on voit qu'il y a beaucoup de châteaux dans la _____.
2. À Villandry, Jenny est emerveillée par les _____.
3. L'intérieur du château qu'ils visitent est comme un conte de _____.
4. Mark est le garçon qui travaille chez le marchand de _____.
5. Pour Mark, ce voyage en Europe est un cadeau de sa _____.
6. Mark voit trop de châteaux et il les trouve un peu _____.
7. Mark dit à Jenny que la rentrée est dans un _____.
8. Tout le monde va coucher à Chinon parce que Monsieur Martin connaît un excellent _____.

D. **Posez des questions avec où, pourquoi ou comment:**

EXEMPLE: Je pars **parce que je suis fatigué.**
          Pourquoi pars-tu?

1. Je voyage **en avion.**
2. Je mange **au restaurant.**
3. Je visite les châteaux **parce que je les aime.**
4. J'habite **aux États-Unis.**
5. Je réponds **en espagnol.**

E. **Dans la liste suivante, trouvez un verbe qui convient et mettez-le à la forme appropriée:**

admirer	partir	trouver
connaître	rouler	voir
dire	savoir	
entendre	traverser	

1. Jenny _____ quelqu'un qui l'appelle.
2. Mark _____ les châteaux ennuyeux.
3. Jenny pense qu'elle _____ dans trois semaines.
4. Monsieur Martin _____ un bon restaurant!

5. En France, sur l'autoroute, on ____ vite.
6. Monsieur Martin pense que les jeunes ne ____ pas ce qui est bon.
7. Ils ____ Paris très tôt le matin.

F. *Discussion et composition. Les châteaux de la Loire:*

1. À Villandry, qu'est-ce que vous remarquez?
2. À Azay-le-Rideau, quel adjectif vient à l'esprit?
3. En quoi est-ce que les châteaux de la Loire sont différents?
4. Que savez-vous sur Chinon?
5. Nommez deux autres châteaux.

Chapitre 17

On arrive à Chamboulive

La nuit se passe très bien à Chinon. Leur hôtel est historique! C'est l'ancienne maison de Rabelais, un écrivain français du seizième siècle. Cette fois-ci, Monsieur Martin les fait
5 partir tard, à 7 heures du matin! Ils traversent Poitiers et Limoges.

M. MARTIN: Aujourd'hui, on ne s'arrête pas — sauf pour prendre de l'essence, bien sûr! On va directement à Chamboulive.
10 MME MARTIN: Mes parents nous attendent pour déjeuner à une heure.
ISABELLE: Oh, super! Ils vont faire un déjeuner spécial pour Jenny?
M. MARTIN: Tu penses bien que ton grand-
15 père va être heureux de faire goûter son confit d'oie à une Américaine!

Le paysage change petit à petit. Dans les champs les cultures sont différentes.

l'écrivain *(m.) writer*
le seizième siècle *sixteenth century*

on ne s'arrête pas *we're not stopping*
l'essence *(f.) gasoline*

tu penses bien *you can be sure*

le confit d'oie *preserved goose (specialty of the Dordogne region)*

109

JENNY: Qu'est-ce que c'est que ces grandes
20   fleurs jaunes?

ISABELLE: Des tournesols, on les appelle   le tournesol *sunflower*
aussi, des soleils. C'est pour faire de
l'huile.

MME MARTIN: Et les grandes feuilles vertes,
25   là-bas, c'est du tabac.

Parce qu'ils sont sur l'autoroute, ils roulent
vite et ils arrivent à Chamboulive juste à
l'heure. Les grands-parents d'Isabelle habitent dans une ferme.

30 LA GRAND-MÈRE: Ah, mes petits, vous voilà!
Bonjour, ma grande, comme tu es belle!
Alors, elle est où, ton Américaine?

ISABELLE: Bonjour, Mamie, la voilà, c'est
Jenny.

35 JENNY: Bonjour, Madame.

LA GRAND-MÈRE: Madame, Madame. . . il
faut m'appeler Mamie, comme tout le
monde!

MME MARTIN: Bonjour, Maman, tu ne
40   changes pas, tu es splendide!

LA GRAND-MÈRE: Hélàs! Mes artères me   l'artère *(f.) artery*
disent que je vieillis!   vieillir *to get old*

M. MARTIN: Mais Maman, vous avez un
cœur de jeune fille! On a l'âge de son
45   cœur, pas de ses artères. . .

LE GRAND-PÈRE: Allez, venez manger tout le
monde, vous devez être morts de faim et
de soif.

La maison a l'air très modeste de l'exté-
50 rieur et Jenny est surprise d'entrer dans une
grande cuisine très moderne. Il y a toutes les
machines qu'on trouve dans une cuisine   le lave-vaisselle
américaine, pense Jenny, même le lave-vais-   *dishwasher*
selle et le four à micro-ondes.   le four à micro-ondes
                                               micro-wave oven

La table est dressée au milieu de la cuisine
55 et devant chaque assiette il y a quatre verres.
Jenny a l'air surprise.

dressé *set (table)*

ISABELLE: C'est la tradition ici! Il ne faut pas
mélanger les vins. Chaque vin dans un
verre différent, dit Grand-Père!
60 LE GRAND-PÈRE: Mademoiselle l'Américaine,
vous allez manger quelque chose qu'il n'y
a pas à New York.
ISABELLE: Papie, elle s'appelle Jenny et elle
n'est pas de New York!
65 LE GRAND-PÈRE: Et moi, j'aime mieux l'appeler l'Américaine! J'ai bien le droit,
non? Les Américains, ici, on les aime
bien. Et même si elle n'est pas de New
York, elle connaît la ville, pas vrai, l'A-
70 méricaine, vous connaissez New York?
JENNY: Euh, un peu, oui.
LE GRAND-PÈRE: Tu vois! Allez, l'Américaine,
goûtez ce pâté de foie gras. Je le fais moi-
même.

avoir le droit *to have the right*

le pâté de foie gras *goose-liver pâté*

75 Heureusement que Jenny est habituée à la
nourriture française. Elle mange de tout et
elle trouve même le pâté délicieux. Le grand-
père est enchanté d'avoir du succès avec son
Américaine! Selon la coutume de la région il
80 y a trois hors-d'œuvre, deux plats, des légumes, de la salade, du fromage et deux des-
serts! Le déjeuner dure longtemps, très longtemps. . .

ISABELLE: Viens, Jenny, pendant qu'ils boivent
85 leur café on va aller faire un tour au village avant la nuit.
JENNY: Avant la nuit? Quelle heure est-il?
ISABELLE: Il est sept heures.

faire un tour *to take a walk*

JENNY: Sept heures? Le déjeuner dure six
90   heures!

ISABELLE: Oh, pas tout le temps! Seulement
quand c'est spécial, comme aujourd'hui,
à cause de toi!

JENNY: Pourquoi est-ce que ton grand-père
95   aime tellement les Américains?

ISABELLE: À cause de la guerre.   la guerre *war*

JENNY: La Seconde Guerre mondiale?

ISABELLE: Ben, oui, je ne parle pas de la
guerre de Cent Ans!

100   Et Jenny se demande. . . Si Isabelle vient
aux États-Unis, quelle va être la réaction de
ses parents, de ses amis, de sa grand-mère?
Est-ce qu'on aime autant les Français aux
États-Unis? Pour voir, il faut inviter Isabelle,   il faut inviter *I have*
105   oui, inviter Isabelle, et pourquoi pas aussi in-   *to invite*
viter. . . Michel!

Exercices

A. **Vrai** *ou* **Faux.** *Dites si la phrase suivante est vraie ou fausse. Si elle est fausse, donnez la bonne réponse:*

1. À Chinon ils dorment dans un hôtel historique.
2. Ils partent de Chinon à 5 heures du matin.
3. Les grandes fleurs jaunes dans les champs, c'est du tabac.
4. La grand-mère d'Isabelle dit qu'elle vieillit.
5. La cuisine des grands-parents d'Isabelle est très ancienne.
6. Devant chaque assiette il y a quatre verres.
7. Le grand-père d'Isabelle déteste les Américains.
8. Le repas chez les grands-parents d'Isabelle dure six heures.

B. *Choisissez la meilleure réponse à la question posée:*

1. À quelle heure est-ce qu'ils partent de Chinon?
   (a) À 5 heures.
   (b) À 7 heures.
   (c) À midi.
2. Quelles sont les deux nouvelles cultures qu'on voit dans les champs?
   (a) Le confit d'oie et les tournesols.
   (b) Le tabac et le pâté de foie gras.
   (c) Les tournesols et le tabac.
3. Comment est la cuisine à Chamboulive?
   (a) Très moderne.
   (b) Très modeste.
   (c) Très différente.
4. Pourquoi est-ce qu'il y a quatre verres devant chaque assiette?
   (a) Parce que c'est joli.
   (b) Pour mélanger les vins.
   (c) Pour boire chaque vin.
5. Pourquoi est-ce que le grand-père est enchanté?
   (a) Jenny aime son pâté de foie gras.
   (b) Jenny est jolie.
   (c) Jenny connaît New York.

6. Pourquoi est-ce que le grand-père aime les Américains?
   (a) À cause du foie gras.
   (b) À cause de la Seconde Guerre mondiale.
   (c) À cause de la guerre de Cent Ans.

C.   Trouvez la définition qui convient:

1. Rabelais
2. le tournesol
3. la feuille de tabac
4. le lave-vaisselle
5. le confit d'oie
6. être mort de faim

a. avoir très très faim
b. être très fatigué
c. écrivain français du seizième siècle
d. fleur jaune pour faire de l'huile
e. spécialité du sud-ouest
f. petite ville
g. grande feuille verte
h. machine pour nettoyer les assiettes

D.   Complétez avec le mot approprié:

une armoire
une assiette
une bouteille
un couteau
une cuillère

la cuisine
le lave-vaisselle
le lit
la salle à manger
un verre

1. Je bois dans ____.
2. Je mange dans ____.
3. Je coupe ma viande avec ____.
4. Je mange ma soupe avec ____.
5. On vend le vin dans ____.
6. Je lave la vaisselle dans ____.
7. Je prépare le dîner dans ____.
8. En général, on mange le dîner dans ____.

E.   Faites des phrases. Attention aux formes des adjectifs!

EXEMPLE: Rabelais / un écrivain / grand / français
         C'est un grand écrivain français.

1. la grand-mère / une femme / vieux / français
2. le tournesol / une fleur / grand / jaune

3. Jenny / une Américaine / beau / blond
4. le lave-vaisselle / une machine / nouveau / amér. **115**
5. ce dessert / une crêpe / petit / délicieux
6. la route Limoges-Tulle / une autoroute / long / ennu.
7. ce hors-d'œuvre / une recette / ancien / anglais
8. Notre-Dame / une cathédrale / haut / magnifique

F. *Compréhension auditive. Écoutez chaque passage et trouvez la meilleure réponse à la question posée:*

1. Pourquoi est-ce que nous partons de bonne heure?
   (a) Pour prendre de l'essence.
   (b) Pour déjeuner chez les grands-parents.
   (c) Parce que c'est les vacances.

2. Pourquoi est-ce qu'il faut laver les assiettes dans la cascade?
   (a) C'est la campagne.
   (b) C'est une maison ancienne.
   (c) Il n'y a pas d'eau dans la cuisine.

3. Pourquoi Peter est-il mince?
   (a) Il déteste la nourriture française.
   (b) Il mange seulement un peu de fromage.
   (c) Il ne mange pas avec plaisir.

4. Quelles cultures est-ce qu'il y a autour de la ferme de mes cousins?
   (a) Du tabac.
   (b) Des tournesols.
   (c) Du tabac et des tournesols.

Chapitre 18

Le retour à Rouen

La famille Martin rentre à Rouen aujour-
d'hui. Il reste une semaine de vacances à
Jenny et elle essaie de ne pas y penser. Jenny
et Isabelle font une dernière promenade au
5 village.

JENNY: Tu sais quoi? Je voudrais envoyer
une carte postale à mes parents et à mon
professeur de français!

ISABELLE: Viens, on va au bureau de tabac.   le bureau de tabac
10 Tu peux acheter des cartes et des timbres.   *tobacco shop*

Au bureau de tabac Jenny trouve une jolie
carte qui montre le village de Chamboulive.
Elle achète cinq cartes.

ISABELLE: Pourquoi cinq?
15 JENNY: Une pour mes parents, une pour ma
grand-mère, une pour mon prof et une
pour mon amie Lisa. La dernière, je la
garde en souvenir.

ISABELLE: Mais elles sont toutes pareilles!   pareil / *f.* pareille
20 JENNY: Cela ne fait rien, ce sont des gens dif-   *alike*
férents qui vont les recevoir!

117

ISABELLE: Oui, c'est vrai! Vous, les Américains, vous avez vraiment le sens pratique! Tu sais, Jenny, tu vas me manquer!

25 JENNY: Oui, moi aussi, je n'ai pas envie de rentrer chez moi, et ce n'est pas seulement à cause de la rentrée!

ISABELLE: Allez, on a le temps d'être tristes. . . On a encore une semaine!

tu vas me manquer I am going to miss you

30 Au moment du départ, le grand-père donne un paquet à Jenny.

LE GRAND-PÈRE: Tenez, l'Américaine, voilà une bouteille de vin du pays pour vos parents.

35 JENNY: O merci, Papie! C'est très gentil.

Monsieur Martin décide qu'ils vont rentrer directement à Rouen. Madame Martin va conduire la moitié du chemin. Jenny et Isabelle dorment presque à l'arrière, perdues dans
40 leurs pensées. Après Poitiers, quand sa femme prend le volant, Monsieur Martin, lui aussi, s'endort. Il n'y a aucun bruit dans la voiture, sauf la radio qui marche tout doucement. Isabelle se redresse soudain.

le volant steering wheel

se redresse straightens up

45 ISABELLE: Allez, tout le monde, réveillez-vous, c'est dangereux de dormir en voiture. On va chanter!

JENNY: Chanter?

ISABELLE: Oui, allez, Jenny, tu nous ap-
50 prends une chanson.

M. MARTIN: Moi, je connais la traduction française d'une chanson américaine: 99 bouteilles sur le mur. . .

JENNY: Ah oui, elle est bien celle-là, 99 bou-
55 teilles sur le mur, 99 bouteilles, si l'une de ces bouteilles se casse, 98 bouteilles sur le mur!

ISABELLE: Je comprends, et après, 97 bouteilles . . .

60 On entend bientôt dans la voiture les
quatre voix qui chantent à tue-tête, 96 bouteilles sur le mur . . . Soudain Monsieur Martin pousse un cri:

M. MARTIN: Attention, chérie, regarde, là-
65 bas, un accident!

ISABELLE: Oh là là! Regardez les deux voitures! Elles sont complètement à l'envers!

M. MARTIN: Il n'y a pas encore de voiture de
police ou d'ambulance, cet accident vient
70 juste d'arriver! Chérie, arrête-toi, il y a
sûrement des blessés qui ont besoin
d'aide!

Madame Martin arrête la voiture et Monsieur Martin se précipite vers la première voi-
75 ture. Jenny et Isabelle le suivent de plus loin,
elles ont peur. Il semble y avoir deux personnes dans la voiture, il y a du sang partout.

M. MARTIN: Courage, voilà du secours!
Jenny, Isabelle, venez vite m'aider.

80 À ce moment on entend une voix qui crie de
loin: «Qu'est-ce que c'est que cet idiot? Partez, Monsieur, voyons, partez!» Étonné, Monsieur Martin s'arrête. Un homme s'approche
de lui.

85 L'HOMME: Mais vous êtes fou? Vous n'avez
pas vu les panneaux?

M. MARTIN: Quels panneaux?

L'HOMME: À trois kilomètres d'ici, c'est marqué en grand, «Attention, tournage de
90 film!»

M. MARTIN: Tournage de film! Vous voulez
dire que ce n'est pas un vrai accident?

Glossary (margin):

à tue-tête *at the top of one's voice*

pousser un cri *to scream*

à l'envers *upside down*

arrête-toi *stop*

le blessé *wounded person*

se précipite *rushes*

le sang *blood*

le secours *help*

le panneau *panel*

le tournage *shooting (of a movie)*

L'HOMME: Mais non! C'est un film, regardez,
ce sont des mannequins dans la voiture!   le mannequin *dummy*
95   M. MARTIN: Ah bon! J'aime mieux cela, je
suis enchanté . . .
L'HOMME: Et bien, pas moi, cher Monsieur!
À cause de vous nous devons recommencer cette scène!

100   Dans la voiture, toute la famille rit de
l'émotion causée par ce faux accident.

ISABELLE: Papa, tu sais, tu es formidable! Je
suis fière de toi!

Et Jenny pense que c'est vrai, Monsieur   le sang-froid *self-
105   Martin a du sang-froid!   control*

Exercices

A.   Vrai *ou* Faux? *Dites si la phrase suivante est vraie ou fausse.
Si elle est fausse, donnez la bonne réponse:*

1. Quand la famille Martin rentre de Chamboulive, il reste
deux jours de vacances à Jenny.
2. Dans un bureau de tabac on peut acheter des timbres et
des cartes postales.
3. Jenny achète plusieurs cartes différentes.
4. Jenny est contente de rentrer aux États-Unis.
5. Le grand-père donne une bouteille de champagne pour les
parents de Jenny.
6. Isabelle pense que c'est dangereux de dormir en voiture.
7. Monsieur Martin se précipite vers la scène d'un accident.
8. Il y a vraiment un accident.

B. *Répondez aux questions avec la réponse appropriée:*

1. À qui est-ce que Jenny envoie une carte postale?
   (a) À deux personnes.
   (b) À cinq personnes.
   (c) À quatre personnes.

2. Pourquoi est-ce qu'Isabelle est triste?
   (a) Jenny part bientôt.
   (b) C'est la fin des vacances.
   (c) Ils quittent Chamboulive.

3. Pourquoi est-ce que Madame Martin va conduire la moitié du chemin?
   (a) Monsieur Martin est fatigué.
   (b) Ils vont rentrer à Rouen directement.
   (c) Pour faire plaisir à Jenny.

4. Pourquoi est-ce qu'Isabelle décide qu'il faut chanter?
   (a) Elle adore chanter.
   (b) C'est dangereux de conduire la nuit.
   (c) C'est dangereux si les passagers dorment.

5. Pourquoi est-ce Monsieur Martin se précipite vers la voiture?
   (a) Il aime les films policiers.
   (b) Il croit qu'il y a deux personnes dans la voiture.
   (c) Sa femme a peur.

6. Qui sont vraiment les deux personnes dans la voiture?
   (a) Des acteurs.
   (b) Des mannequins.
   (c) Le directeur du tournage.

C. *Répondez avec le pronom d'objet direct ou indirect:*

EXEMPLES: Tu parles **à Marie?**
　　　　　Oui, je **lui** parle.

　　　　　Tu regardes **les fleurs?**
　　　　　Oui, je **les** regarde.

1. Tu envoies la carte postale **à tes parents?**
2. Tu donnes **le paquet** à Jenny?
3. Tu écoutes **la radio?**
4. Tu expliques la route à **ta sœur?**
5. Tu demandes de l'argent à **tes parents?**
6. Tu téléphones **à Paul?**
7. Tu apprends **la chanson** à Jenny?

D. *Répondez avec des pronoms directs et indirects:*

EXEMPLE: Tu apprends **les chansons à tes amis?**
Oui, je **les leur** apprends.

1. Tu donnes **le cadeau à Isabelle?**
2. Tu demandes **le timbre à tes parents?**
3. Tu expliques **les exercices à Paul?**
4. Tu envoies **la lettre à tes grands-parents?**
5. Tu proposes **la route à Jenny?**

E. *Répondez avec le, la, les, lui ou leur:*

EXEMPLES: Je mange la tarte?
Mais oui, mange-la!

Je téléphone à Pierre?
Mais oui, téléphone-lui!

1. Je regarde la télévision?
2. J'écris aux parents de Jenny?
3. Je demande à Madame Martin?
4. J'achète les fleurs?
5. Je cherche son adresse?
6. Je parle à Michel?
7. J'explique à tes parents?

F. *Dans la liste suivante, trouvez un verbe qui convient et mettez-le à la forme appropriée:*

chanter	envoyer	rentrer
chercher	faire	rire
dormir	pousser	visiter
entendre	rencontrer	

1. Ils veulent _____ les États-Unis.
2. Monsieur Martin _____ un cri.
3. Dans la voiture, tout le monde _____ une chanson américaine.
4. Isabelle _____ quand elle comprend que ce n'est pas un vrai accident.
5. Qu'est-ce que tu _____ dans l'armoire?
6. Elle va _____ une carte postale.
7. Ils _____ un ami de Jenny en visitant les châteaux.
8. Monsieur Martin _____ un homme qui lui dit de partir.

G. ***Les vêtements.** **Choisissez dans la liste suivante les vêtements qui correspondent aux situations:***

des bottes	une cravate	des sandales
un chandail	une jupe	un short
un chapeau	un maillot de bain	un T-shirt
des chaussures	un manteau	
un chemisier	un pantalon	

1. À la plage, je porte _____.
2. L'hiver, je porte _____.
3. À l'école, au printemps, je porte _____.
4. L'été, je porte _____.
5. En voyage, je porte _____.

Chapitre 19

Les derniers jours

Jenny rentre aux États-Unis dans trois jours. Elle n'a pas du tout envie de partir et parfois, la nuit, elle ne peut pas s'empêcher de pleurer. Les Martin, c'est un peu sa famille
5 maintenant, et elle se sent très proche d'Isa- proche *close*
belle.

Madame Martin organise des excursions de dernière minute, et, ce matin, pendant le petit déjeuner, elle a une idée qui va plaire à
10 Jenny.

MME MARTIN: Mes enfants, je crois qu'il faut aller dire au revoir à Paris. Qu'est-ce que vous pensez de cela?

ISABELLE: C'est une excellente idée, d'accord
15 Jenny?

JENNY: Oui, avec plaisir, mais. . . je n'ai plus d'argent, même pour le train!

MICHEL: Aucune importance, je vous emmène. Aujourd'hui, je ne travaille pas!

20 ISABELLE: Génial, comme ça, on est sûres de tu te souviens? / *inf.*
ne pas rater le train. . . Tu te souviens, se souvenir *you*
Jenny? *remember?*

C'est ainsi que nos trois amis prennent la route pour passer la journée à Paris.

25   ISABELLE: Par quoi on commence?

JENNY: Moi, j'ai très envie d'aller au Louvre, je voudrais voir Mona Lisa!

MICHEL: Excellente idée, il faut la voir quand on est à Paris.

30   ISABELLE: Mais après, on va dans les magasins, d'accord?

MICHEL: D'accord!

Les deux filles sont étonnées car elles savent que Michel déteste les magasins, mais
35   elles ne disent rien! C'est lui le chauffeur. . .
Au Louvre, Michel prend la visite en main.   prendre en main *to take charge of*

MICHEL: Suivez le guide! Par ici, Mesdames, Mesdemoiselles, Messieurs, venez voir la dame la plus célèbre de toute la France.
40   Mais oui, la voilà, notre chère Mona Lisa!

Depuis quelques minutes Jenny remarque que cinq ou six personnes écoutent Michel! Ces gens pensent que Michel est un vrai guide! Jenny a bien envie de rire mais elle
45   doit se concentrer sur ce tableau si fameux! Elle le trouve d'abord très petit, beaucoup plus petit que dans son livre de français.

JENNY: C'est vrai ce qu'on dit, on a l'impression qu'elle sourit toujours, de n'importe   sourire *to smile; (m.) smile*
50   quel angle.   n'importe *no matter*

Michel, lui aussi, remarque le groupe qui l'écoute. Il continue avec encore plus d'autorité.

MICHEL: Et maintenant, voulez-vous savoir
55   le secret de ce célèbre sourire? Voyons, Mademoiselle, savez-vous pourquoi Mona Lisa sourit?

JENNY: Non!

MICHEL: Et bien, je vais vous le dire, moi,
60   elle sourit de nous voir faire la queue
        pour la voir sourire!

ISABELLE: Très drôle! Mon pauvre frère, ton
        sens de l'humour ne s'améliore pas. . .   s'améliore *improves*

Les quelques personnes qui sont là, à écou-
65 ter Michel, comprennent maintenant que ce
n'est pas un vrai guide et partent en haussant   hausser les épaules *to*
les épaules.   *shrug*

ISABELLE: Ça, c'est typique de mon frère.

Michel invite les filles à déjeuner au Quar-
70 tier latin et à la surprise générale propose encore une fois d'aller dans les magasins.

MICHEL: Alors, le Printemps? Les Galeries
        Lafayette? La Samaritaine? Jenny, tu
        choisis.

75 JENNY: Ben, je ne sais pas moi, peut-être, le
        Printemps?

MICHEL: Va pour le Printemps!   va pour le Printemps!
                                                    O.K., let's go to
                                                    Printemps

Les deux filles n'ont plus d'argent mais
elles aiment quand même regarder et admirer
80 ce qu'elles ne peuvent pas acheter! Michel
semble s'amuser.

ISABELLE: Oh, regarde ces sacs, pour la ren-
        trée, c'est parfait!

JENNY: Oui, surtout celui-là, le rouge,
85   qu'est-ce qu'il est beau, et pratique.

ISABELLE: Et il est en cuir, regarde le prix!   le cuir *leather*
        Tu as bon goût. . .

JENNY: Heureusement que je n'ai plus d'ar-
        gent. . .

90 ISABELLE: Cette écharpe est très jolie, c'est   l'écharpe *(f.) (heavy)*
        juste ma couleur.   *scarf*

JENNY: Oui, le vert te va bien.

ISABELLE: Tiens, où est Michel?

JENNY: Je ne sais pas, ah, si, là-bas, il parle
95 avec une vendeuse.

ISABELLE: Mais, il va à la caisse, qu'est-ce
qu'il fait?

Elles voient Michel qui revient avec un paquet dans lequel il y a. . . le sac rouge!

100 MICHEL: Tiens, Jenny, voilà un petit souvenir de ton séjour en France! Prends-le,
cela me fait plaisir.

Jenny est trop émue pour parler, alors elle   ému *moved, touched*
se jette dans les bras de Michel pour l'em-   se jette *throws herself*
105 brasser et lui dire tout bas «merci».
Et le soir, en faisant un dernier tour des
monuments illuminés avant de rentrer à   illuminé *lit*
Rouen, Jenny pense combien elle est heureuse
et que ses vacances à Rouen sont à jamais   à jamais *forever*
110 inoubliables.   inoubliable
                                                unforgettable

Exercices

A. Vrai *ou* Faux? *Dites si la phrase suivante est vraie ou fausse.
Si elle est fausse, donnez la bonne réponse:*

1. Jenny rentre dans 3 jours.
2. Isabelle et Jenny vont à Paris en train.
3. Aujourd'hui, Michel travaille.
4. Jenny veut voir Mona Lisa.
5. Michel ne veut pas aller dans les magasins.
6. Au Louvre, les gens pensent que Michel est un guide.

7. Michel achète une écharpe pour Jenny.
8. Jenny pense que ses vacances en France sont inoubliables.

B. *Choisissez la proposition qui complète le mieux la phrase:*
1. Jenny est triste
   (a) parce que la famille Martin est un peu sa famille.
   (b) parce qu'elle n'aime pas l'école.
   (c) parce qu'elle fait des excursions de dernière minute.
2. Les deux filles sont étonnées parce que Michel
   (a) veut aller au Louvre.
   (b) veut aller à Paris.
   (c) veut bien faire des courses.
3. Devant Mona Lisa, Jenny trouve
   (a) que le tableau est grand.
   (b) que le tableau est petit.
   (c) que Mona Lisa sourit.
4. Les deux filles ne peuvent rien acheter au Printemps
   (a) parce que Michel ne veut pas.
   (b) parce que c'est trop tôt.
   (c) parce qu'elles n'ont plus d'argent.
5. Michel va à la caisse
   (a) pour acheter le sac rouge pour Jenny.
   (b) pour acheter le foulard vert pour Isabelle.
   (c) pour parler avec une vendeuse.

C. *Formez des questions. Utilisez* **pourquoi, où, quand, comment** *et* **à quelle heure:**

EXEMPLE: Jenny part **à 8 heures.**
          À quelle heure part-elle?
1. Jenny part **en avion.**
2. Michel achète un sac **au Printemps.**
3. Jenny est triste **parce qu'elle part.**
4. Jenny part **dans trois jours.**
5. Michel travaille **à 8 heures.**
6. Isabelle commence l'école **le 8 septembre.**
7. Ils vont à Paris **en voiture.**
8. Jenny rentre **aux États-Unis.**

D. *Répondez selon le modèle:*

EXEMPLE: Elle regarde l'accident?
   Non, elle ne peut pas regarder l'accident.

1. Tu achètes le sac rouge?
2. Il visite le Panthéon?
3. Vous voyez Mona Lisa?
4. Elles disent merci?
5. Nous allons à Paris?
6. Je rentre aux États-Unis?

E. *Discussion et composition:*

1. À quel musée est Mona Lisa?
2. En général, qui vous prend en main quand vous visitez un musée?
3. Mona Lisa est célèbre à cause de quoi?
4. Donnez le nom de trois grands magasins à Paris.
5. Pourquoi est-ce que le sac que Michel achète est très cher?
6. Le soir, à Paris, comment sont les monuments?

F. *Compréhension auditive. Écoutez chaque passage et trouvez la meilleure réponse à la question posée:*

1. Pourquoi est-ce que Jonathan est content de rentrer chez lui?
   (a) Il n'aime pas sa famille française.
   (b) Il trouve que deux mois, c'est long.
   (c) Il préfère les États-Unis.
2. Pourquoi est-ce que j'adore aller au Louvre?
   (a) On n'a pas besoin d'un guide.
   (b) Les guides sont intéressants.
   (c) C'est un petit musée.
3. Quand est-ce que je n'aime pas aller dans les grands magasins?
   (a) Quand il faut acheter un cadeau.
   (b) Quand j'achète un sac et une écharpe.
   (c) Quand je n'ai pas d'argent.
4. Quand est-ce que ma grand-mère est contente?
   (a) Quand elle donne des cadeaux.
   (b) Quand elle vient à mon anniversaire.
   (c) Quand on l'embrasse.

Chapitre 20

Le départ

Jenny part cet après-midi à 2 heures 30.
Madame Martin lui prête un sac à dos parce
que sa valise est trop petite à cause des vêtements et des cadeaux qu'elle emporte.

5   M. MARTIN: Il faut téléphoner à Orly.

MME MARTIN: C'est fait, le vol est à l'heure.
Jenny, tu dois être à Orly combien de
temps avant le départ?

JENNY: Ils disent deux heures parce que c'est

10   un charter.

M. MARTIN: Donc, il faut partir à 10 heures.

MICHEL: Partez à 11 heures, cela suffit, il n'y
a pas de circulation dans cette direction-
là.

15   Michel doit travailler aujourd'hui et il ne
vient pas à Orly. Jenny est presque soulagée.
Elle préfère lui dire au revoir ici qu'à l'aéroport. C'est moins dramatique.

MICHEL: Bon, je vais aller au bureau. Je te

20   dis au revoir, ma petite Jenny, et je te
souhaite un très bon voyage.

prêter *to lend*
le sac à dos *backpack*
à cause de *because of*
emporter *to take along (something)*

cela suffit *it's enough*

soulagé *relieved*

JENNY: Merci pour tout et pour le beau sac rouge! Tu vas venir me voir à Longville avec Isabelle, n'est-ce pas?

25 MICHEL: Mais bien sûr, tu me connais, les États-Unis, c'est mon rêve! Allez, on se dit au revoir, pas adieu.

En embrassant Michel, Jenny a du mal à retenir ses larmes. Elle va jusqu'à sa voiture, le 30 regarde partir et se répète qu'il va venir la voir, qu'elle va lui écrire. . . Heureusement, Monsieur Martin l'appelle.

retenir *to hold back*

M. MARTIN: Jenny, apportez-moi votre valise et vos sacs, je vais charger la voiture.

charger *to load*

35 ISABELLE: Papa a toujours peur d'être en retard. . . De toutes façons, il vaut mieux partir de bonne heure, on ne sait jamais, on peut prendre la mauvaise route, se tromper d'aéroport. . .

se tromper de *to be mistaken about;* se tromper d'aéroport *to go to the wrong airport*

40 Mais ils prennent la bonne route, il n'y a pas de circulation, et ils arrivent à Orly à midi. Jenny trouve la zone où elle doit enregistrer ses sacs. Tout va bien.

la zone *area*

MME MARTIN: Et bien, maintenant, il suffit 45 d'attendre.

ISABELLE: Tu embarques à quelle heure?

JENNY: À 1 heure 30, dans une heure. Vous pouvez partir si vous voulez.

M. MARTIN: Mais non, mais non, c'est très 50 fascinant les aéroports!

fascinant *fascinating*

JENNY: Isabelle, tu vas venir l'année prochaine avec Michel?

ISABELLE: Avec ou sans lui, je viens! Si Papa et Maman veulent bien. . .

vouloir bien *to be willing to, be glad to*

55 M. MARTIN: Hum. . . voyons. . . je ne sais pas! Toute seule, en Amérique. . . Je dois réfléchir. . .

MME MARTIN: Papa plaisante! Bien sûr qu'Isabelle peut aller vous voir.

60 ISABELLE: Oh, regardez, regardez le panneau, il y a un changement, Jenny, ton vol a du retard.

JENNY: Combien de retard?

M. MARTIN: Ce n'est pas marqué. . . ah, si,

65 attendez. . . cinq heures!

JENNY: Cinq heures de retard! Alors, j'arrive à quelle heure à New York?

MME MARTIN: À 9 heures du soir! Quelqu'un vous attend à New York?

70 JENNY: Oui, une amie de ma mère vient me chercher. Je vais passer la nuit chez elle avant de retourner à Longville.

ISABELLE: Ne t'inquiète pas, je vais lui téléphoner en rentrant à Rouen. Mais le vrai

75 problème, c'est ce que nous allons faire pendant cinq heures! Oh, j'ai une idée. . .

Isabelle s'approche de son père et lui chuchote quelque chose à l'oreille.

chuchoter *to whisper*

ISABELLE: Oh, merci, Papa! Viens, Jenny, on

80 va se promener, puisque tu as cinq heures à perdre, on va bien les perdre. . .

Et c'est ainsi que Jenny, grâce au retard de son avion, fait une promenade imprévue dans la Vallée de Chevreuse où elle voit de trés

85 belles forêts, des rivières, des petits villages pittoresques et où elle déjeune dans un restaurant très sympathique que connaît (quelle coïncidence!) Monsieur Martin. . .

grâce à *thanks to*

Mais l'heure du départ arrive quand même

90 et c'est le cœur gros que Jenny dit au revoir à sa famille française. Isabelle pleure sans se cacher, Madame Martin se mouche et Monsieur Martin ne sait pas quoi dire.

le cœur gros *with heavy heart*

se mouche *blows her nose*

MME MARTIN: Allons, voyons, vous allez vous
95 revoir, l'année prochaine!
JENNY: L'année prochaine, Isabelle, c'est
promis?
ISABELLE: Oui, c'est promis. Au revoir,
Jenny! Bon voyage. . .

100 Jenny remercie Monsieur et Madame Mar-
tin de leur accueil généreux, embrasse Isa-   l'accueil *(m.)* welcome
belle une dernière fois et embarque dans
l'avion.
Et au moment où l'avion décolle, elle a un
105 peu l'impression de laisser une partie d'elle-
même dans ce pays où elle vient de passer un
été pas comme les autres.

Exercices

A. Vrai *ou* Faux? *Dites si la phrase suivante est vraie ou fausse. Si elle est fausse, donnez la bonne réponse:*

1. La valise de Jenny est trop petite.
2. Michel va aussi à Orly.
3. Jenny a envie de pleurer en disant au revoir à Michel.
4. Ils arrivent à Orly en retard.
5. Le vol de Jenny est à l'heure.
6. Une amie de Madame Brown vient chercher Jenny à New York.
7. Grâce au retard de son vol Jenny visite l'aéroport.
8. Au moment du départ tout le monde est bien triste.

B. *Trouvez la réponse aux questions suivantes:*

1. Pourquoi est-ce que Madame Martin prête un sac à dos à Jenny?
   (a) Jenny ne peut pas porter une valise.
   (b) Jenny a trop de choses pour sa valise.
   (c) Jenny ne peut pas trouver sa valise.

2. Pourquoi est-ce que Michel ne vient pas à Orly?
   (a) Il travaille.
   (b) Il est trop triste.
   (c) Il doit prendre sa voiture.

3. Pourquoi est-ce que Monsieur Martin part toujours en avance?
   (a) Il arrive toujours en retard.
   (b) Il veut arriver à l'heure.
   (c) Il est triste.

4. Combien de retard a le vol de Jenny?
   (a) 9 heures.
   (b) 5 heures.
   (c) 1 heures et demie.

5. Qu'est-ce qu'ils font en attendant le vol de Jenny?
   (a) Ils visitent Orly.
   (b) Ils regardent les voyageurs.
   (c) Ils visitent la Vallée de Chevreuse.

6. De quoi est-ce que Jenny remercie Monsieur et Madame Martin?
   (a) De visiter la Vallée de Chevreuse.
   (b) De leur accueil généreux.
   (c) D'envoyer Isabelle l'année prochaine.

C. *Complétez les phrases avec des mots du texte:*

1. Sa valise est trop petite, alors Madame Martin prête un _____ à Jenny.
2. Jenny emporte beaucoup de _____ et de _____.
3. Jenny doit arriver en avance parce que son vol est un _____.
4. Michel ne vient pas parce qu'il doit _____.
5. Le vol de Jenny a 5 heures de _____ .
6. Au moment du départ, Isabelle _____, Madame Martin _____ et Monsieur Martin ne sait pas _____.
7. Jenny remercie la famille Martin de leur _____.
8. Jenny pense qu'elle vient de passer un été _____.

D. *Choisissez entre* **qui** *et* **que** *selon les modèles:*

EXEMPLE: J'aime la maison **qui** est sur la place.
Voilà la robe **que** je veux acheter.

1. Regarde l'avion _____ décolle.
2. La valise _____ je porte est lourde.
3. La fille _____ part est mon amie.
4. J'adore les villages _____ sont dans la Vallée de Chevreuse.
5. Le film _____ tu regardes à la télévision est idiot.
6. La voiture _____ est verte est à Mark.
7. Je n'aime pas les chaussures _____ tu choisis.
8. L'homme _____ déjeune ici aime bien manger!

E. *Répondez selon le modèle. Attention au changement du sujet:*

EXEMPLE: Tu viens et tu me dis au revoir?
Mais oui, je viens te dire au revoir.

1. Isabelle vient et elle me souhaite un bon voyage?
2. M. et Mme Dutour viennent et ils me montrent un joli village?
3. Pierre et Michel, vous venez et vous me remerciez?
4. Il vient et il me chuchote quelque chose?
5. Jenny vient et elle m'embrasse?

F. *Mettez au futur proche:*

EXEMPLE: Jenny passe deux mois en France.
Jenny va passer deux mois en France.

1. Isabelle pleure.
2. Vous partez à neuf heures.
3. Monsieur et Madame Martin se mouchent.
4. J'écris une longue lettre à Isabelle.
5. Madame Brown téléphone à sa fille.
6. Nous lisons le journal.

G. *Discussion et composition:*

1. Jenny vient de rester combien de mois en France?
2. Elle part de quel aéroport?
3. Qu'est-ce qu'il y a dans la Vallée de Chevreuse?
4. Pensez-vous que Jenny aime la France et la famille Martin?
5. Que pensez-vous de Monsieur Martin?
6. Voulez-vous aller en France comme Jenny?

Vocabulaire

A

à to, at; à bientôt see you soon; à
cause de because of; à côté
de next to; à droite to the right; à
force de because of; à gauche to
the left; à jamais forever; à
l'aise at ease; à l'envers upside
down; à moins que unless; à peu
près approximately; à tue-tête at
the top of one's voice
absolument absolutely
accent m. accent
accepter to accept
accueil m. welcome
achats m. pl. purchases
adieu good-bye
admirer to admire
adorer to love; to worship
aérien (f. aérienne) elevated
aéroport m. airport
affaires f. pl. things
s'affoler to panic
âge m. age; Moyen Âge Middle Ages
agréable pleasant
aider to help
aimer to like; aimer mieux to
prefer
ainsi que as well as
air m. air; avoir l'air to seem, look;
en plein air outdoor(s)
Allemagne f. Germany
allemand German
aller to go; aller bien to feel well;
allez well, all right; vas-y! go
ahead!
allo hello
alors so, then
ambiance f. atmosphere
ambulance f. ambulance
améliorer to improve;
s'améliorer to improve oneself
ami m. friend

amoureux (f. amoureuse) in love,
m. lover
amusant funny, amusing
amuser to amuse; s'amuser to have
fun
an m. year; avoir ____ ans to be ____
years old
ancien (f. ancienne) former, old
anglais English
angle m. angle
année f. year
annoncer to announce
annulé cancelled
août m. August
apercevoir to see, notice
appartement m. apartment
appeler to call; s'appeler to call
oneself, be named
applaudir to applaud
apporter to bring
apprendre to learn
approcher to approach;
s'approcher to get close
appuyer to push
après after
après-demain the day after tomorrow
après-midi m. afternoon
argent m. money; argent de
poche pocket money
armoire f. wardrobe
arranger to arrange
(s')arrêter to stop
arrière m. back; à l'arrière in back
arrivée f. arrival
arriver to arrive
artère f. artery
artiste m. or f. artist
ascenseur m. elevator
assez enough
assiette f. plate
s'asseoir to sit down
attacher to tie
attendre to wait (for)

atterrir to land
attraper to catch
aucun no, none, no one, not any
aujourd'hui today
aussi also, too
aussitôt right away
autant as much as
autobus *m.* bus
autocar *m.* bus
automne *m.* fall
autorité *f.* authority
autre other
avancer to advance
avant before
avec with
aventure *f.* adventure
avenue *f.* avenue
avion *m.* airplane
avoir to have; **avoir à redire (à)** to find fault with; **avoir ___ ans** to be ___ years old; **avoir besoin de** to need; **avoir chaud** to be hot; **avoir le cœur gros** to be deeply affected; **avoir du mal à** to have trouble; **avoir envie de** to want to, feel like; **avoir faim** to be hungry; **avoir froid** to be cold; **avoir l'air** to seem, look; **avoir le droit** to have the right; **avoir mal au cœur** to be sick to one's stomach; **avoir peur** to be afraid; **avoir raison** to be right; **avoir soif** to be thirsty; **avoir sommeil** to be sleepy; **avoir tort** to be wrong
avril *m.* April

B

ballon *m.* balloon
banc *m.* bench
banlieue *f.* suburb(s)
banque *f.* bank
bas (*f.* **basse**) low; **en bas** at the bottom, down
bateau *m.* boat
bavard talkative; **les bavards** you talkers

beau (*f.* **belle**) beautiful; **faire beau** to be nice (*weather*)
beaucoup a lot; **beaucoup de** a lot of
bébé *m.* baby
ben (*slang*) well
béret *m.* beret
besoin *m.* need; **avoir besoin de** to need
bête (*colloquial*) silly
beurre *m.* butter
bien well; **bien sûr** of course
bientôt soon; **à bientôt** see you soon
bienvenue welcome
bifteck *m.* beefsteak
bizarre strange
blanc (*f.* **blanche**) white
blessé wounded; *m.* wounded person
bleu blue
blond blond
bœuf *m.* beef
boire to drink
bois *m.* wood
boîte *f.* box; mailbox
bol *m.* bowl
bon (*f.* **bonne**) good; **bon marché** cheap
bonjour good day, hello
boucherie *f.* butcher shop
boucle (*f.*) **d'oreille** earring
bouteille *f.* bottle
boutique *f.* shop
bouton *m.* knob; button
bras *m.* arm
bravo! great!
bruit *m.* noise
brun brown; brunette
bureau *m.* office; desk; **bureau de tabac** tobacco shop

C

ça that
cabine (*f.*) **téléphonique** phone booth
cacahuète *f.* peanut
cacher to hide; **se cacher** to hide oneself

cadeau *m.* gift
café *m.* coffee, coffee shop
caisse *f.* cash register
calme calm
cantine *f.* school cafeteria
car *m.* bus
carte *f.* map; **carte postale** postcard; **carte routière** road map
cascade *f.* waterfall
casser to break
ce this, that; **c'est** this is, he is, she is, it is; **ce que** what; **ce qui** what
cela that; **cela suffit** it's enough
célèbre famous
celle *f.* the one
celui *m.* the one
centre *m.* center; **centre commercial** shopping center
ces these
ceux *m.* the ones
chacun each one
chambre *f.* bedroom
champ *m.* field
champignon *m.* mushroom
champion (*f.* **championne**) champion
chance *f.* luck
chandail *m.* sweater
changement *m.* change
changer to change
chanter to sing
chaque each
charcuterie *f.* deli
charger to load
charmant charming
château *m.* castle
chaud hot; **avoir chaud** to be hot; **faire chaud** to be hot (*weather*)
chauffeur *m.* driver
chaussure *f.* shoe
chemin *m.* way, road
chemisier *m.* (woman's) shirt
cher (*f.* **chère**) dear; expensive
chercher to look for
chéri *m.* darling
cheveux *m.pl.* hair
chez at the house of
chocolat *m.* chocolate
choisir to choose
choix *m.* choice

chose *f.* thing
chuchoter to whisper
chute *f.* water fall
ciel *m.* sky
cinéma *m.* movie theater
cinq five
circulation *f.* traffic
citron *m.* lemon
clair clear; light
classe *f.* class
cloche *f.* bell
coca *m.* soda
cœur *m.* heart; **le cœur gros** with heavy heart; **avoir mal au cœur** to be sick to one's stomach
coffre *m.* trunk (*of a car*)
coin *m.* corner
coïncidence *f.* coincidence
combien how much
comme like, as
commencer to begin
comment how
compétition *f.* competition
complètement completely
compliqué complicated
composer un numéro to dial
comprendre to understand
se concentrer to concentrate
concierge *m.* or *f.* superintendent
confit *m.* preserve; **confit d'oie** preserved goose
confiture *f.* preserves, jam
connaître to know, be acquainted with; to meet
construire to build
consulat *m.* consulate
conte (*m.*) **de fée** fairy tale
content glad
continuer to continue
contrôle *m.* control
copain *m.* (*f.* **copine**) (*colloquial*) friend, buddy
copier to copy
copieux (*f.* **copieuse**) abundant
correspondant *m.* pen pal
côté *m.* side; **à côté de** next to
cou *m.* neck
coucher to sleep, spend the night
couler to run (*water*)
couleur *f.* color

coup (*m.*) **sec** thrust
couper to cut
course *f.* race; **faire des courses** to go shopping
court short
cousin *m.* cousin
coutume *f.* custom
crêpe *f.* French pancake
cri *m.* scream; **pousser un cri** to scream
crier to scream
croire to believe; to think
croissant *m.* crescent roll
cueillir to pick
cuillère *f.* spoon
cuillerée *f.* (table)spoonful
cuir *m.* leather
cuisine *f.* kitchen; **faire la cuisine** to cook
cuisse *f.* thigh; **cuisse de grenouille** frog's leg
cuit cooked

D

d'abord first
d'accord o.k.
dame *f.* lady
dans in
danser to dance
de from
décembre *m.* December
décidément really
décider to decide
décoller to take off *(airplane)*
décontracté relaxed
décorer to decorate
découvrir to discover
décrocher to pick up *(telephone)*
défilé *m.* parade
déjà already
déjeuner to have breakfast *or* lunch; *m.* lunch; **petit déjeuner** breakfast
délicieux (*f.* **délicieuse**) delicious
demain tomorrow
demander to ask; **se demander** to wonder
demi half; **faire demi-tour** to turn around
dépenses *f. pl.* expenses

déprimant depressing
depuis since; **depuis que** since
dernier (*f.* **dernière**) last
derrière behind
dès que as soon as
descendre to get off, go down
désirer to wish
désolé sorry
désorienté disoriented
dessert *m.* dessert
détester to hate
deux two
deuxième second
devant in front of
devoir to have to, must; *m.* duty; homework
dévorer to devour
différent different
difficile difficult
difficulté *f.* difficulty
dimanche *m.* Sunday
dîner *m.* dinner
diplôme *m.* diploma
dire to say, tell
directement directly
discomte discount
discuter to talk
se disputer to fight
dissection *f.* dissection
divin divine
diviser to divide
dix ten
doigt *m.* finger
dominer to overlook
donc so, therefore
donner to give; **donner sur** to overlook
dormir to sleep
douanier *m.* customs officer
doucement slowly, softly
doute *m.* doubt
douze twelve
dresser to set (a table)
droit *m.* right; **avoir le droit** to have the right; **étudiant en droit** law student
drôle funny, strange
drôlement in a funny way; *(slang)* very
durer to last

E

écharpe *f.* *(heavy)* scarf
école *f.* school
économies *f. pl.* savings
écouter to listen
écrire to write
écrivain *m.* writer
effet *m.* effect; **en effet** actually
église *f.* church
électricité *f.* electricity
élève *m.* or *f.* student
elle she, it; **elle-même** herself
elles them, they
s'éloigner to get away from
embarquer to board
embouteillage *m.* traffic jam
embrasser to kiss; **je t'embrasse** love
  (at the end of a letter)
émerveillé enchanted
emmener to take along *(someone)*
s'empêcher de to keep from
employée *m.* employee
emporter to take along *(something)*
ému moved, touched
en in; **en avance** early; **en bas** at
  the bottom; **en effet** actually
enchanté delighted
encore yet, still, more; **encore une
  fois** once more; **pas encore** not
  yet
s'endormir to fall asleep
endroit *m.* place
enfin finally
ennuyer to bore; to bother
ennuyeux (*f.* **ennuyeuse**) boring
énorme huge
enregistrer to check (luggage)
ensemble together
ensuite then
entendre to hear
entier full, complete
entourer to surround
entre between
entrée *f.* entrance, foyer; admission
entrer to enter
épaule *f.* shoulder; **hausser les
  épaules** to shrug
épisode *m.* episode

escalier *(m.)* **roulant** escalator
escargot *m.* snail
escarpé steep
Espagne *f.* Spain
espérer to hope
essayer to try
essence *f.* gasoline
est *m.* east
estomac *m.* stomach
estrade *f.* platform
et and
étage *m.* floor
étaler to spread out
étape *f.* stretch, "leg"
États-Unis *m. pl.* United States
été *m.* summer
étonnant astonishing
étonné surprised, astonished
étonnement *m.* surprise,
  astonishment
être to be; **n'est-ce pas** isn't it; **peut-
  être** may be
étudiant *m.* student
eux *m.* they, them
évidemment of course
exactement exactly
excursion *f.* excursion
excuser to excuse; **excusez-
  moi** excuse me
exploit *m.* prowess
s'exprimer to express oneself
extérieur *m.* outside
extra *(colloquial)* great

F

façon *f.* way
faim *f.* hunger; **avoir faim** to be
  hungry; **mourir de faim** to be
  starving
faire to do, make; **faire beau** to be
  nice *(weather)*; **faire chaud** to be
  hot *(weather)*; **faire demi-tour** to
  turn around; **faire des courses** to
  go shopping; **faire froid** to be cold
  (weather); **faire la connaissance
  de** to meet; **faire la cuisine** to
  cook; **faire la queue** to wait in line;
  faire semblant to pretend; **faire**

signe to wave; **faire un somme** to take a nap; **faire un tour** to take a walk; **fair voir** to show; **faire un voyage** to take a trip
falloir to be necessary; **il faut** one needs; **il vous faut** you need
fameux (*f.* **fameuse**) famous
famille *f.* family
farine *f.* flour
fascinant fascinating
fatigué tired
fauteuil *m.* (arm)chair
femme *f.* woman, wife
fendre to crack; to elbow one's way through (*a crowd*)
fenêtre *f.* window
ferme firm
ferme *f.* farm
fermer to close
fête *f.* holiday
feu (*m.*) **d'artifice** fireworks
feuille *f.* leaf
février *m.* February
fier (*f.* **fière**) proud
fille *f.* girl, daughter
film *m.* movie
finalement finally
finir to finish
fleur *f.* flower
foie *m.* liver
fois *f.* time; **encore une fois** once more
fond *m.* bottom, back; **au fond de** at the bottom of, in the back of
fondu melted
force *f.* strength; **à force de** because of
forêt *f.* forest
forme *f.* form; **en pleine forme** in great shape
formidable fantastic, great
fort strong
fou (*f.* **folle**) crazy; **fou de joie** very happy
foulard *m.* (*thin*) scarf
foule *f.* crowd
four *m.* oven; **four à micro-ondes** micro-wave oven
fourchette *f.* fork

fraise *f.* strawberry
français French
frère *m.* brother
froid cold; **avoir froid** to be cold; **faire froid** to be cold (*weather*)
fromage *m.* cheese
fruit *m.* fruit

G

gagner to win; **gagner de l'argent** to make money
garçon *m.* boy
garder to keep
gare *f.* train station
garer to park
gastronomique gastronomic
gâteau *m.* cake
gauche left; **à gauche** to the left
gazinière *f.* (gas) stove
généralement generally
génial! (*slang*) great!
genou *m.* knee
gens *m. pl.* people
gentil (*f.* **gentille**) nice
glace *f.* ice cream
glacial icy
glissant slippery
glisser to slide
gouffre *m.* gorge
goût *m.* taste
goûter to taste
gouvernant *m.* leader
grâce à thanks to
gramme *m.* gram
grand big, tall; **grandes vacances** *f. pl.* summer vacation
grand-mère *f.* grandmother
grand-père *m.* grandfather
grands-parents *m. pl.* grandparents
gras fat
grenouille *f.* frog
grille *f.* fence
gris grey
gros (*f.* **grosse**) big, heavy; fat
grossir to get fat
guerre *f.* war
guichet *m.* (ticket *or* information) window

guide *m.* guide
guirlande *f.* streamer

H

habiter to live
s'habituer to get used to
hausser les épaules to shrug
haut high; **en haut** upstairs, on top of
heure *f.* hour, time
heureusement fortunately
heureux (*f.* **heureuse**) happy
hier yesterday
historique historical
hiver *m.* winter
homme *m.* man
horaire *m.* schedule
horrible horrible
hors-d'œuvre *m.* appetizer
hôtel *m.* hotel
hôtesse *f.* stewardess, flight attendant
huile *f.* oil
huit eight
humain human
humeur *f.* mood

I

ici here
idée *f.* idea
il he, it; **il y a** there is, there are
île *f.* island
illuminer to light
ils they
immense huge
impatience *f.* impatience
importer to matter; **n'importe** no
   matter
imposant imposing
impossible impossible
impressionant impressive
impressionné impressed
imprévu unforeseen
incroyable incredible
Indien *m.* Indian
inoubliable unforgettable
s'inquiéter to worry
s'installer to settle down
intérieur *m.* inside
intimidant intimidating

inutile useless
inverse opposite
inviter to invite
Italie *f.* Italy

J

jaloux (*f.* **jalouse**) jealous
jamais never; **à jamais** forever
jambon *m.* ham
janvier *m.* January
japonais Japanese
jardin *m.* garden
jaune yellow
je I
se jeter to throw oneself
jeudi *m.* Thursday
jeunesse *f.* youth
joie *f.* joy; **fou de joie** very happy
joli pretty
joue *f.* cheek
jouer to play
jour *m.* day
journée *f.* day
juillet *m.* July
juin *m.* June
jupe *f.* skirt
jusqu'à until
justement as it happens

L

l', la the
là there; **là-bas** over there
laboratoire *m.* laboratory
lac *m.* lake
laisser to leave, let
lait *m.* milk
lambris *m.* paneling
lancer to throw
langue *f.* language; tongue
lapin *m.* rabbit
larme *f.* tear
laver to wash; **se laver** to wash
   oneself
lave-vaisselle *m.* dishwasher
le the
leçon *f.* lesson
légume *m.* vegetable
(le) lendemain the next day

lentement slowly
les the
lettre *f.* letter
leur their
lever to raise; **se lever** to get up
limonade *f.* lemonade
lire to read
lit *m.* bed
livre *m.* book
loin far; **loin de** far from
long (*f.* **longue**) long
longtemps a long time; **il y a longtemps** it's been a long time
lui he, him
lumière *f.* light
lundi *m.* Monday
luxueux (*f.* **luxueuse**) luxurious
lycée *m.* high school

M

ma my
mademoiselle miss
magasin *m.* store
magnifique magnificent
magnifiquement wonderfully
mai *m.* May
main *f.* hand; **prendre en main** to take charge of
maintenant now
maire *m.* mayor
mairie *f.* city hall
mais but
maison *f.* house
malade sick
malgré in spite of
maman mom, mommy
mamie grandma
manche *m.* handle
manger to eat
manie *f.* habit
mannequin *m.* dummy
manquer to miss; **tu me manques** I miss you
marchand *m.* merchant
marche *f.* step
marché *m.* market
marcher to walk

mardi *m.* Tuesday
marquer to write, mark
mars *m.* March
massif *m.* bush
matin *m.* morning
mauvais bad
mauve lavender
me me
mec *m.* *(slang)* boy, man
meilleur best
mélanger to mix
même even, same
merci thank you
mercredi *m.* Wednesday
mère *f.* mother
mes my
métro *m.* subway
mettre to put, place; **mettre une lettre à la boîte** to mail a letter
midi *(m.)* noon
mieux better; **tant mieux** so much the better; very well
milieux *m.* middle; **au milieu** in the middle
militaire military
mince slender
ministre *m.* minister
minuit *(m.)* midnight
minute *f.* minute
mixer *m.* blender
mobilier *m.* furniture
moi me; **moi-même** myself
moins less; **à moins que** unless
mois *m.* month
moitié *f.* half
moment *m.* moment
mon my
monde *m.* world; **beaucoup de monde** many people
mondial worldly
monnaie *f.* change
monsieur *m.* man, sir
monstre *m.* monster
monter to go up, climb, go upstairs
montrer to show
se moquer de to make fun of
mort dead
se moucher to blow one's nose
mouillé wet

mourir to die; **mourir de faim** to be starving
moyen *m.* way, means; **Moyen Âge** *m.* Middle Ages
mur *m.* wall
murmurer to whisper
musée *m.* museum
musique *f.* music

N

nager to swim
ne: ne . . . jamais never; **ne . . . pas** not; **ne . . . personne** no one; **ne . . . plus** no more; **ne . . . que** only; **ne . . . rien** nothing; **n'est-ce pas** isn't it
nerveux (*f.* **nerveuse**) nervous
neuf nine
noir black
non no
nord *m.* north
nos our
notre our
nourriture *f.* food
nous we
nouvelle *f.* (piece) of news; **une bonne nouvelle** good news
nuit *f.* night
numéro *m.* number; **composer un numéro** to dial

O

octobre *m.* October
odeur *f.* smell
œil *m.* (*pl.* **yeux**) eye
œuf *m.* egg
oie *f.* goose
on one, they, you, people
oncle *m.* uncle
onze eleven
opératrice *f.* operator
or *m.* gold
orchestre *m.* orchestra
oreille *f.* ear
ou or
où where
oublier to forget
ouest *m.* west
oui yes

ouvert open
ouverture *f.* opening
ouvrier *m.* worker
ouvrir to open

P

pain *m.* bread
pancarte *f.* sign, poster
panneau *m.* sign; panel
pantalon *m.* pants
papa daddy
papie grandpa
paquet *m.* package
paradis *m.* paradise
parc *m.* park
parce que because
pardon excuse me
pareil (*f.* **pareille**) same
parents *m. pl.* parents
paresseux (*f.* **paresseuse**) lazy
parfois sometimes
parfum *m.* perfume; flavor
parisien (*f.* **parisienne**) Parisian
parler to speak
partie *f.* part
partir to leave
partout everywhere
passager *m.* passenger
passeport *m.* passport
passer to spend; to go through; **se passer de** to do without
pâte *f.* dough
pâté (*m.*) **de foie gras** goose-liver pâté
pâtisserie *f.* pastry shop; pastry
pause-croissant *f.* croissant break
pauvre poor
payer to pay
pays *m.* country
paysage *m.* landscape
(en) PCV (à **PerCeVoir** to be collected) collect (*on the telephone*)
pendant during
pensée *f.* thought
penser to think; **tu penses bien** you can be sure
perdre to lose
perdu lost
père *m.* father

périphérique *m.* beltway
personne *f.* person
pétard *m.* firecracker
petit small; **petit à petit** little by little; **petit déjeuner** *m.* breakfast
peu little, few; **à peu près** approximately
peur *f.* fear; **avoir peur** to be afraid
peut-être may be
photo *f.* photograph
phrase *f.* sentence
pièce *f.* coin; room
pied *m.* foot
pincée *f.* pinch
pipe *f.* pipe
piscine *f.* swimming pool
pittoresque picturesque
place *f.* seat; place, square
plage *f.* beach
plaire (à) to please; **s'il te/vous plaît** please
plaisir *m.* pleasure
plat *m.* dish
plein full; **en plein air** outdoor(s); **en pleine forme** in great shape
pleurer to cry
plier to fold
plus more; **plus tard** later
plusieurs several
plutôt rather
poêle *f.* frying pan
poignet *m.* wrist
poisson *m.* fish
poli polite
porte *f.* door; **porte d'embarquement** boarding gate
porter to wear; to carry
poser to put down, place; **poser des questions** to ask questions
pot *m.* jar; **prendre un pot** to have a drink
poulet *m.* chicken
pour for, in order to
pourquoi why
se poursuivre to follow its course
pourtant however
pousser to push; **pousser un cri** to scream
pouvoir to be able to, can
pratique practical

précis exact, precise
se précipiter to rush
préférer to prefer
premier (*f.* **première**) first
prendre to take; **prendre en main** to take charge of; **prendre un pot** to have a drink
près de near
présenter to introduce
président president
presque almost
prêt ready
prêter to lend
printemps *m.* spring
problème *m.* problem
prochain next (one)
proche close
professeur *m.* teacher
profond deep
profondément deeply
projet *m.* plan
se promener to take a walk
promettre to promise
prononcer to pronounce
propre clean
puisque since

Q

quai *m.* river bank; platform
quand when; **quand même** still, anyhow
quart *m.* quarter
quartier *m.* district, neighborhood
quatorze fourteen
quatre four
que that, which, what; **qu'est-ce que** what
quel (*f.* **quelle**) which
quelqu'un someone
quelque chose something
quelques a few
question *f.* question
qui who, whom
quinze fifteen; **quinze jours** (*colloquial*) two weeks
quitter to leave; **ne quittez pas** hold the line
quoi what

R

raconter   to tell
raison *f.*   reason; **avoir raison**   to be right
ranger   to put away
rappeler   to call back
rater   to miss
rayon *m.*   department (of a store)
recette *f.*   recipe
recevoir   to receive
recommencer   to start again
reconnaître   to recognize
se redresser   to straighten up
réfléchir   to think
refuser   to refuse
regarder   to look at, watch
région *f.*   region
rejoindre   to join
relire   to reread
remarquer   to notice
remercier   to thank
rencontrer   to meet
rendre   to give back; to make (someone)
rénové   renovated
renseignement *m.*   (piece of) information; *pl.* information
rentrée *f.*   reopening (of school)
rentrer   to come back, return
répondre   to answer
réponse *f.*   answer
RER *m.* **(Réseau Express Régional)** very fast express subway network
restaurant *m.*   restaurant
rester   to stay; **il me reste**   I have (something) left
retenir   to hold back
retour *m.*   return
retourner   to return
retrouver   to find; **(se) retrouver**   to meet
rêve *m.*   dream
se réveiller   to wake up
revenir   to come back
rêver   to dream
revoir   to see again; **au revoir**   good-bye
rillettes *f. pl.*   pâté made with pork

rire   to laugh
robe *f.*   dress
rocher *m.*   rock
rouge   red
rouler   to move along *(in a car)*
route *f.*   road
roux *(f.* **rousse)**   redheaded
rue *f.*   street

S

sa   his, her, its
sac *m.*   bag; **sac à dos**   backpack
sacré   holy
salade *f.*   salad
salle à manger *f.*   dining room
salle de bains *f.*   bathroom
salon *m.*   den, living room
salut   *(slang)* hi!; good-bye
samedi *m.*   Saturday
sandale *f.*   sandal
sang *m.*   blood; **sang-froid** *m.*   self-control
sans   without; **sans doute**   no doubt
sauce *f.*   sauce
sauf   except
sauter   to jump
sauvage   wild
sauver   to save
savoir   to know
savourer   to savor, relish
sciences *(f. pl.)* **naturelles**   natural science, biology
seconde   *equivalent to U.S. 10th grade*
secours *m.*   help
seize   sixteen
séjour *m.*   stay
sel *m.*   salt
semaine *f.*   week
sens *m.*   direction
sentier *m.*   path
sentir   to feel; to smell; **se sentir**   to feel
sept   seven
septembre *m.*   September
sérieux *(f.* **sérieuse)**   serious
serré   tight
servir   to serve; **se servir de**   to use; **servez-vous**   help yourself

ses his, her, its
seul alone
seulement only
sévère strict
si so, if; yes *(emphatic)*
siècle *m.* century
simple simple
sirop *(m.)* **d'érable** maple syrup
six six
sœur *f.* sister
soif *f.* thirst; **avoir soif** to be thirsty
soir *m.* evening
solde *f.* sale (at reduced prices)
soleil *m.* sun
somme *m.* nap; **faire un somme** to take a nap
sommeil *m.* sleep; **avoir sommeil** to be sleepy
son his, her, its
sonner to ring
sorte *f.* kind, type
sortie *f.* exit
sortir to go out
soudain suddenly
souhaiter to wish
soulagé relieved
soulagement *m.* relief
soupe *f.* soup
soupière *f.* soup tureen
sourire to smile; *m.* smile
sous under
se souvenir (de) to remember
souvent often
spécialité *f.* specialty
splendide splendid
sportif (*f.* **sportive**) athletic
stupide stupid
sucre *m.* sugar
sud *m.* south
suffire to be enough; **cela suffit** it's enough
suivant following
suivre to follow; **suis-moi** follow me
super! great!
supposer to suppose
supprimé cancelled
sur on, about
sûr certain
sûrement certainly

surexcité excited
surpris surprised
surtout especially
sympa *(colloquial)* nice
sympathique nice

T

ta your
tabac *m.* tobacco
table *f.* table
taille *f.* waist
tante *f.* aunt
tard late
téléphoner to telephone
tellement so (much)
temps *m.* time; weather
tenir to hold; **tiens!** here!
terminale *f.* senior year
terminer to finish
terre *f.* earth; **par terre** on the ground
tes your
timbre *m.* stamp
timide shy
tirer to pull, stick out
toi you
toit *m.* roof
tomate *f.* tomato
tombe *f.* tomb, grave
tomber to fall
ton your
torrent *m.* mountain stream; torrent
tôt early
toujours always; still
tour *m.* tour; **faire un tour** to take a walk; *f.* tower
tournage *m.* shooting (of a movie)
tournesol *m.* sunflower
tous all
tout all, everthing; **à tout à l'heure** see you later; **tout à coup** all of a sudden; **tout à fait** exactly; **tout de suite** immediately; **tout droit** straight ahead; **tout le monde** everybody; **tout le temps** all the time
traduction *f.* translation

tranche *f.*   slice
travail *m.*   work
travailler   to work
traverser   to cross
treize   thirteen
très   very
tribune *f.*   stand(s)
trois   three
se tromper de   to be mistaken about
trop   too much
trouver   to find
tristesse   sadness
truc *m.*   "thing" *(when one doesn't know its name)*
tu   you
typiquement   typically

U

un peu   a little
un, une   a, an
université *f.*   university

V

vacances *f. pl.*   vacation; **grandes vacances**   summer vacation
valise *f.*   suitcase
vallée *f.*   valley
vanille *f.*   vanilla
vélo *m.*   bike; **faire du vélo**   to go bike riding
vélomoteur *m.*   moped
vélux *m.*   skylight
vendeur *m.*   sales clerk
vendeuse *f.*   sales clerk
vendredi *m.*   Friday
venir   to come; **venir de**   to come from
verre *m.*   glass
vert   green
vêtement *m.*   (article of) clothing
vexé ·vexed
vide   empty
vieillir   to get old
vieux (*f.* **vieille**)   old

village *m.*   village
ville *f.*   city, town
vin *m.*   wine
vingt   twenty
visa *m.*   visa
visiter   to visit
vite   fast, quickly
vitesse *f.*   speed
vitrine *f.*   shop window
voilà   there; there is, there are
voir   to see; **voyons**   come now! **faire voir**   to show
voisin *m.*   neighbor
voiture *f.*   car
voix *f.*   voice
vol *m.*   flight
volant *m.*   steering wheel
vos   your
votre   your
vouloir   to want, to wish; **je voudrais**   I would like; **vouloir bien**   to be willing to, be glad to; **vouloir dire**   to mean
vous   you
voyage *m.*   trip; **faire un voyage**   to take a trip
voyager   to travel
voyageur *m.*   traveler
vrai   true
vraiment   really
vue *f.*   view

W

WC *m. pl.*   toilet

Y

y   there; **n'y pense pas**   don't think about it

Z

zone *f.*   area
zut (alors)   darn!